Margot Käßmann

Weihnachten zieht weite Kreise

Margot Käßmann

Weihnachten zieht weite Kreise

LVH

Bibliographische Information Der Deutschen Bibliothek
Die Deutsche Bibliothek verzeichnet diese Publikation in der Deutschen Nationalbibliografie; detaillierte bibliografische Daten sind im Internet über http://dnb.ddb.de abrufbar.

www.lvh.de

Umschlaggestaltung und Satz: Graphic Design Liselotte Lüddecke, Hannover
Umschlagfotos: Jens Schulze, Hannover; epd-bild/Eggers
Druck und Bindung: AALEXX – Das Buch Druck Haus, Großburgwedel

Printed in Germany

Inhalt

Weihnachtkreis 2001/2002

Weihnachtkreis 2002/2003

Vorwort

Ganz persönlich bin ich ein »Weihnachtsfan«. Schon als Kind habe ich Weihnachten ganz besonders geliebt. Ich erinnere mich an die Spannung, wenn die Schiebetür bei uns zuhause sich schloss am 23. Dezember. An den Kirchgang am 24. im besten Kleid. An das »O, du fröhliche…« und meine Ungeduld, wenn wir so lange blieben, weil meine Mutter oder meine älteren Schwestern noch Gespräche führten oder die Gesangbücher zusammen räumen wollten. Und dann der unvergleichliche Moment des erleuchteten Baums mit den Kerzen.

Die Kindheitserinnerungen an Weihnachten prägen, wir erinnern uns zurück. Als Erwachsene, als Mutter habe ich auch gemerkt, wie sehr wir die Traditionen unserer Kindheit im besten Sinne des Wortes tradieren. Wie wichtig sind diese Traditionen! Was können wir unseren Kindern mitgeben an Ritualen, die lebensbestärkend sind. Und wie traurig, wenn Kindern kein Zugang zu diesen Ritualen eröffnet wird.

Gleichzeitig ärgere ich mich massiv über Weihnachten. Ich werde zornig, wenn es verkitscht wird zu einem triefenden RTL-Geburtsdrama. Die Konsumorientierung von Weihnachten macht mich zornig. Und ich habe nur ein Seufzen übrig, wenn ich über all die Chill-out-Partys und die Christmas Sessions lese. Am 27. August wurden in diesem Jahr die ersten Spekulatius gesichtet…

Nicht zuletzt wegen des Missbrauchs von Advent und Weihnachten zur Kommerzialisierung hat unsere Landeskirche im Jahr 2000 eine Kampagne »Alles hat seine Zeit. Advent ist im Dezember« ins Leben gerufen. Uns geht es darum, die Kultur von Advent und Weihnachten neu zu gewinnen. Warten können. Zunächst auch die Frage des Todes und der Trauer, Volkstrauertag, Buß- und Bettag, Totensonntag/Ewigkeitssonntag zulassen. Und dann ein neues Kirchenjahr beginnen, den Stern aufgehen sehen, die Hoffnung formulieren, warten auf den kommenden Christus, auf Gottes Ankunft in der Welt. Ja, ich wünsche mir, dass wir eine neue Advents- und Weihnachtskultur entdecken, weil sie uns gut tut.

»Weihnachten zieht weite Kreise« ist dieser Beitrag benannt. Ich erlebe die Weihnachtszeit tatsächlich nicht nur als diesen einen einzelnen besonderen Tag bzw. Heilig Abend und den 1. und 2. Feiertag, sondern als eine besondere Zeit im Kirchenjahr, im Jahr. Vom 1. Advent bis zum Epiphaniastag gibt es einen Kreis des Erfahrens. Des Wartens, des Hoffens, der Ankunft Gottes und der Zusage der Gegenwart Gottes. Epiphanias, das bedeutet: Gottes Ankunft. In den Jahren, in denen ich mit meiner Familie in Fulda gewohnt habe, habe ich mit diesem Epiphaniastag auf durchaus positive Weise den Dreikönigstag kennen gelernt. Mit der Verehrung durch diese drei Weisen gab es ja in der frühen Kirche geradezu den zentralen Festinhalt von Weihnachten. Hier wird – so beschreibt es die Bibel – erkennbar, dass dieses Kind Gottes Sohn ist. Ein weiter Kreis, von der Ankündigung über die Erwartung und die Geburt bis zur Erkenntnis.

Weihnachten zieht aber auch weite Kreise im persönlichen Leben, in der eigenen Biographie. Von der Weihnachtserfahrung in der Kindheit, über die Weihnachtserfahrung als Eltern, die Weihnachtserfahrung vielleicht auch als Alleinlebende, mit Freunden, die Weihnachtserfahrung im Kloster, bis zur Weihnachtserfahrung im Alter prägt dieses Fest uns. Hier gibt es Erinnerungen, hier gibt es Traditionen, heilsame und gute Rituale und zornige, ja wütende und verletzende Erinnerungen. Niemanden in unserem Land lässt das Weihnachtsfest ganz emotionsfrei, denke ich. Dabei ist mir klar, dass viel Kitsch und Projektion mit diesem Fest zusammenhängen. Ganz elementar meint es aber: Gott kommt in die

Welt und will auch dich treffen, auch mit dir zusammen sein. Das erfahren wir in der Liebe anderer Menschen, in der Zuneigung zu anderen, aber auch in der Verletzung oder Verletzbarkeit des Lebens, die dieses Kind in der Krippe so stark erkennbar macht. Weihnachten schließt immer auch biographische Kreise ein.

Weihnachten zieht aber auch weite Kreise mitten in unserer Gesellschaft. Einerseits ist es angeblich »das liebste Fest der Deutschen«, wohl kein Fest wird so sehr vorbereitet, aber auch so sehr belastet. Die Erwartungen an eine Familienidylle werden hoch gesetzt und oft umso tiefer enttäuscht. Da gibt es das Stöhnen über die vielen Weihnachtsbazare, Weihnachtsfeiern, hier verkommt Weihnachten und wird nur noch zynisch gesehen. Da wird der Christbaum mit in den Lufthansaflug nach Tunesien genommen, da gibt es Ballermann-Partys zu Weihnachten und Weihnachten auf Mallorca, um dem Rummel zu entfliehen. Und doch kann man unter all diesen Verfälschungen und Ablagerungen erkennen, dass dieses Fest auch heute zumindest anklingen lässt, was Solidarität meint: die Reichen teilen – zumindest symbolisch – mit den Armen, wir denken auch an die, denen es nicht gut geht. Nicht umsonst ist der Spendenboom in Deutschland der größte an Weihnachten. Nicht umsonst sagt mir der Asphalt-Verkäufer in Hannover, dass der Verkauf nie so gut läuft wie im Dezember. Ja, Weihnachten und unsere Welt – da gibt es eine Utopie, die Hoffnung auf eine Kontrastgesellschaft, die im Kerzenschein sichtbar wird. Wenn das Dunkel hell wird in Deutschland durch die Lichterketten, da keimt doch auch Hoffnung auf…

Weihnachten zieht weite Kreise um die ganze Welt. Überall feiern Christinnen und Christen am 24. und 25. Dezember die Ankunft Gottes. Wir tun das auf sehr unterschiedliche Weise, aber allüberall werden Lichter angezündet, und sei es noch so warm. Leider haben sich die Kirchen des Ostens und des Westens noch immer nicht auf einen gemeinsamen Termin einigen können, aber doch ist sichtbar: Weihnachten umgreift die Welt, um den Globus hält die Welt still und feiert die Ankunft Gottes. Mir ist bewusst: es gibt andere

Religionen, Kulturkreise, in denen Weihnachten nur für wenige eine Bedeutung hat und vor allem auch Kriege, die nicht unterbrochen werden am Heiligen Abend. Aber ich bin überzeugt, auch wenn es so unendlich viele Zählungen des neues Jahres gibt, unterschiedliche Glaubensformen, Anfechtungen in einer Welt voller Unrecht und Gewalt – die Ankunft dieses Kindes ist weltweit spürbar. Sie zieht uns in eine weltweite Gemeinschaft, die nach Beantwortung schreit, nach Gerechtigkeit, nach Frieden.

Das Lutherische Verlagshaus hatte die Idee, unterschiedliche Texte, die ich in meinen ersten Jahren als Landesbischöfin in Hannover zur Weihnachtszeit verfasst habe, zusammenzustellen. Da gibt es Rundfunkandachten, wie Andachten im Kreis des Landeskirchenamtes, die traditionelle Weihnachtspredigt des Landesbischofs oder der Landesbischöfin um 18.00 Uhr in der Marktkirche in Hannover, oder auch den Weihnachtsbrief. Letzterer liegt in den Kirchen der Landeskirche aus am Heiligen Abend, wenn die Menschen früh kommen, um einen Platz zu finden in der Kirche und warten. Warten und Zeit finden und nachdenken. Unterschiedliche Gattungen, Genres sind damit verbunden.

Seit dem zweiten Weihnachtskreis in meinem Amt als Landesbischöfin habe ich thematische Schwerpunkte gesetzt: Familie/Kinder, Engel, Frieden. Manches mag beim Lesen daher redundant klingen. So haben wir den Weihnachtsbrief 2002 heraus genommen, weil er eine kondensierte Form der Andacht bei der Adventsfeier des Landeskirchenamtes darstellt. Diese Schwerpunktsetzung halte ich jedoch für hilfreich gegen Verzettelung. Ebenso habe ich jedes Jahr mit seinen Besuchen und Begegnungen seitdem unter ein Schwerpunktthema gestellt, das beim Epiphaniasempfang vorgestellt und nach den Erfahrungen eines Jahres auf der Novembersynode, bevor der neue Weihnachtskreis beginnt, reflektiert wird. Solche inhaltliche Konzentration hilft beim eigenen Nachdenken, Lesen, Reden. Und bei den Rundfunkandachten habe ich mich bemüht, an den sechs Tagen ein Thema aus unterschiedlicher Perspektive aufzugreifen statt sechs verschiedene Themen zu nennen.

Mit Blick auf die Beiträge im Weihnachtskreis liegt mir daran, den Kreis immer wieder weit werden zu lassen, groß zu ziehen, auf die Welt, auf die Gesellschaft hin. Aber es ist auch wichtig, die kleinen Kreise, die Familie, das persönliche Leben zu Wort kommen zu lassen. Viele sitzen im Gottesdienst am 24.12. und warten sehr auf ein Wort, dass sie selbst ganz persönlich anspricht. Das ist eine hohe Verantwortung und Herausforderung.

Die vier Weihnachtskreise, die ich bisher in der hannoverschen Landeskirche erlebt habe, sie enden alle mit dem 6. Januar. Epiphanias, Heilige drei Könige. Seit dem Tod von Altbischof Hanns Lilje am 6. Januar ist der Empfang unserer Landeskirche traditionell auf diesen Tag gelegt und findet im Kloster Loccum statt. Im gar nicht so großen Kreis versammeln sich hier Menschen aus der Landeskirche und der niedersächsischen Gesellschaft, aus Loccum und aus unserer großen Landeskirche. Stets gibt es zu wenig Platz, stets ist es zu eng, und nie können alle eingeladen werden, weil der Platzmangel so einschränkend ist. Immer aber wird deutlich: Der Weihnachtskreis mag sich zum Ende neigen, aber schon erschließt sich der Kreis auf das neue Jahr, wird der Blick nach vorn gerichtet und wird wieder einen großen Kreis ziehen über ein Jahr, das vieles mit sich bringen wird und doch in Gottes Hand liegt. Von Weihnachten her wird der Blick ins neue Jahr gerichtet mit der Jahreslosung als Orientierungshilfe.

Mir ist wichtig, dass Weihnachten nicht zu eng gesehen wird, nicht auf diesen einen Abend, den einen Tag, das eine Thema, sondern in einen großen Horizont gestellt wird. Ja, ich liebe das Weihnachtsfest. Mein Mann sagt, ich hätte (nur!) in diesem Zusammenhang sogar einen Hang zum Kitsch. In der Tat: Ich freue mich daran, das Haus vorzubereiten, Kerzen anzuzünden, mit den Kindern den Baum zu schmücken zum Klang des Weihnachtsoratoriums von Johann Sebastian Bach. Ich liebe die Weihnachtsrituale. Sie sind aber eben Teil der großen Geschichte Gottes mit den Menschen, wecken keine Illusionen, sondern konfrontieren uns so wie Lukas sie erzählt mit der Realität unserer Welt: die Hirten, die unverheiratet schwangeren Frauen, die Josefs mit ihrer Rolle. Und vor allem das Kind, das wir von Ostern her entdecken mit der Hilfe der Evangelisten. Weihnachten ist ein besonderes Fest, das nicht eng ist, das sich nicht ausbeuten und vermarkten lässt, sondern einen weiten Horizont eröffnet. Gesegnete Weihnachten!

Landesbischöfin Dr. Dr. h.c. Margot Käßmann
Hannover, im September 2003

Weihnachtskreis 1999 — 2000

Adventsfeier des Landeskirchenamtes

Henriettenstift Hannover
7.Dezember 1999

Liebe Gemeinde,

der Wochenspruch für diese Woche zwischen dem 2. und 3. Advent stammt aus dem Lukasevangelium. Im 21 Kapitel, Vers 28, heißt es:

»Seht auf und erhebt eure Häupter, weil sich eure Erlösung naht.«

Ja, ist das denn ein Adventsspruch, mögen sich manche fragen? Da soll es doch warm und freundlich zugehen. Wir warten auf das Kommen Gottes, das zweite Licht haben wir angezündet. Gemütlichkeit ist angesagt. Liebe Gemeinde, ich glaube, so ein Text tut uns gerade im Advent gut. Das ist ja eine Zeit der Vorbereitung, in der es um die Frage nach Gott, um unseren Glauben geht, um den Sinn unseres Lebens. Wer fragt: »Woher komme ich, wohin gehe ich?«, der fragt nach Religion. Bei uns verkommt die Frage zu einer des Konsums. Zwei Beispiele habe ich in jüngerer Zeit gefunden, und in der Reklamewelt finden sich noch mehr. »Wer bin ich eigentlich?« steht da groß. Wenn Sie die Seite aufklappen, treffen Sie auf eine Reklame für Strom. Und: ein Mann steht an einem Abgrund. Er denkt: »Woher komme ich, wohin gehe ich und warum weiss mein Auto die Antwort?« Die großen Fragen der Existenz werden zu Fragen, deren Antwort ich kaufen kann, Advent wird zu einer Frage des Konsums.

Lukas hat sein Evangelium vor fast 2000 Jahren zu Papier gebracht. Können wir von dieser Endzeitfurcht, von der Erwartung des Kommens Gottes etwas spüren, die das Evangelium beschreibt? Jahrtausendwende, Zeitenende, eine ganze Hysterie von Jahr-2000-Ereignissen gibt es derzeit ja. Etwas ganz Exotisches muss der Mensch tun zum Jahreswechsel. Aber hinter dieser laut tönenden, marktschreierischen Feierlaune verbergen sich auch tiefste Ängste. In den USA greifen zur Jahrtausendwende Hamsterkäufe um sich, ein Drittel der Bevölkerung hortet Wasser und Lebensmittel, und in etlichen Magazinen gab es Ratschläge zum Bunkerbau. Jeder zehnte Amerikaner sieht eine Katastrophe kommen.

Aber es gibt längst ganz reale Katastrophen. Ein Drittel der Weltbevölkerung hungert. Das sind 1,9 Milliarden Menschen, die hungrig zu Bett gehen und hungrig aufwachen. Das Elend der russischen Soldaten und der tschetschenischen Zivilbevölkerung, es ist ganz real. Wir haben uns grausamerweise nur daran gewöhnt und wollen im Advent nichts davon hören. Aber selbst in unserem Land erleben Menschen die Katastrophe ihres Lebens. Der Familienvater, der seinen Arbeitsplatz verliert. Die junge Prostituierte aus Polen, die keinen Ausweg sieht. Die misshandelten Kinder. Auch inmitten der Glitzerwelt des Wohlstandes gibt es unbeschreibliches Elend. Da sehnen sich Menschen nach Erlösung.

Von Zeichen der Erlösung spricht Jesus im Lukasevangelium. »Wenn aber dies anfängt zu geschehen, dann seht auf und erhebt eure Häupter, denn eure Erlösung naht.« Was aber sind die Zeichen, was heißt Erlösung? Die ersten Gemeinden erwarteten das Weltenende schnell, bald nach Jesu Tod. Als es nicht eintrat, mussten sie sich einrichten in der Welt, Strukturen wuchsen, Lehre wurde formuliert, die Kirche entstand. Die Sehnsucht nach Erlösung aber hat sich für immer mit dem Namen Jesus Christus verbunden. Warum?

Zum einen hat Jesus sich bedingungslos den Menschen zugewandt. Er hat nicht erst geschaut: zu welcher gesellschaftlichen Schicht gehört der? Ist es schicklich, mit ihr zu reden? Ihm war nicht peinlich, mit der Samaritanerin ein Gespräch über Gott zu führen. Bei dem Zöllner zu essen. Kinder zu sich kommen zu lassen. Die blutflüssige Frau zu berühren. Wir glauben, dass Jesus Gottes Sohn war und uns in seinem Leben gezeigt hat, wie Gott die Menschen liebt.

Gott liebt jeden von uns, nicht weil wir sind, wie wir sind, sondern obwohl wir sind, wie wir sind. Gott sagt jedem Menschen Würde zu. Dem behinderten Mann wie der pflegebedürftigen Frau. Dem Kleinkind wie dem Bettler am Straßenrand. Sie sind nicht weniger wert als andere, als die Erfolgreichen, die Glanzfiguren der Leistungsgesellschaft. Vielleicht liebt Gott sie sogar gerade und ganz besonders, die Menschen am Rande.

Sie können ihre Häupter erheben, nicht nur, wenn sie die Zeichen der Endzeit sehen, sondern schon jetzt und heute, wenn sie Jesus begegnen. Sie begegnen Jesus in anderen, die ihnen diese Würde zusprechen, weil Gott sie ihnen zuspricht. Darum geht es in unserem Alltag: Unseren Glauben leben, von diesem Glauben reden und an der Kirche mit all ihren verschiedenen Bereichen bauen. Das gelingt nicht immer, wir scheitern an manchem, aber an der Kirche bauen wir doch.

Wie gehören denn Glaube und gesellschaftliches Leben zusammen, werde ich oft gefragt. Warum kümmern Sie sich nicht um den Glauben der Menschen und lassen künftig die Finger von sozialen Fragen? Weil ich glaube, dass Gott jedem Menschen Würde zuspricht, weil ich glaube, dass wir Jesus nachfolgen sollen, darum müssen wir uns gerade den Menschen am Rande zuwenden. Ihnen die Türen öffnen und für sie sprechen, wo sie selbst stumm bleiben, nicht für sich das Wort ergreifen können. Das tut die Kirche.

Und nicht nur die Menschen am Rande, auch die Menschen mit Schuld können ihre Häupter erheben. Jesus erzählt, dass es im Himmel mehr Freude geben wird über einen reuigen Sünder als über 99 Gerechte, die der Buße nicht bedürfen. Das Christentum kann von Schuld reden, nicht nur von Strafe und Rache. Wir können hinsehen, ansehen, was so unansehnlich an uns ist. Im Kleinen wie im Großen: Unsere Neidgefühle, unsere üble Nachrede, unser Streit miteinander um Nichtigkeiten. Wir können das vor Gott aussprechen, Gott anvertrauen im Gebet. Und wir können Versöhnung erfahren im Abendmahl. Da werden wir neu Gemeinschaft. Gott schenkt uns Zuwendung neu.

Und noch einmal: warum hat sich die Sehnsucht nach Erlösung mit Jesus verbunden? Weil dieser Jesus und der auferstandene Christus nicht zwei Verschiedene sind. Weil wir glauben dürfen, dass Gott den Tod überwunden hat. Das ist eine ungeheuerliche Konfrontation mit all der Furcht und all dem Zittern. Der Tod hat nicht das letzte Wort. Das fürchten wir ja so sehr, deshalb verstecken wir den Tod hinter Maschinen. Wir begleiten Sterbende nicht mehr, weil wir den Tod hassen als das, was unsere ganze Glitzerwelt in Frage stellt. Aber wir können uns dem Tod stellen, weil er nicht das Ende ist. Es wird einen neuen Himmel und eine neue Erde geben, in der Tod und Geschrei nicht mehr sind, in der Gott abwischen wird alle Tränen. Eine Zeit allerdings auch, in der wir Rechenschaft werden ablegen müssen für unser Leben hier und heute. Wir sollten den Mut haben, auch davon zu reden, was die Bibel Gericht nennt.

Wenn ich durch die erleuchtete Stadt gehe und Menschen betteln sehe, die gehetzten, angestrengten Gesichter, dann denke ich: von diesen Lichtern redet das Evangelium ja gar nicht. Da werden Advent und Weihnachten völlig verdreht durch die Konsumwelt. Jesus ist nicht das süße Knäblein in einem romantischen Stall. Nein, das ist auch der predigende Rabbi in Palästina. Der sterbende Mann am Kreuz. Der Auferstandene, der den Tod überwindet und deshalb unsere Erlösung bringt. Diese Geschichten gehören zusammen, beschreiben einen Bogen. Advent ist eine Zeit des Wartens, der Vorfreude. Das hält unsere Gesellschaft ja kaum aus. Advent müsste, wenn es nach ihr geht, schon im September beginnen, weil die Kassen dann noch süßer klingeln. Das Geschenk, um das es hier geht, auf das wir warten, ist ein ganz anderes. Es sagt uns: Gott lässt uns nicht allein in der Dunkelheit. Ja, wir können die Dunkelheit ansehen, wir müssen sie nicht ausblenden. Wir dürfen mitwirken bei dem Versuch, Licht in die Dunkelheit scheinen zu lassen. Und wo wir scheitern, da vertrauen wir diese Dunkelheit und unser Leben Gott an. Von diesem Licht reden wir im Advent. Weil wir von diesem Licht wissen, können wir getrost in die Zukunft blicken, aufrechten Hauptes und nicht geduckt!, denn wir wissen unsere Zeit in Gottes Händen. Wir müssen uns nicht betäuben, sondern bleiben wach und beten und feiern neu Gottes Kommen in unsere Welt. Ich wünsche Ihnen allen eine gesegnete Adventszeit. Amen.

Guter Gott,
mitten in den Dunkelheiten dieser Zeit kündigst du dein Kommen an.
Lass uns wach sein,
dass wir in allem dir vertrauen und mit dir rechnen.
Dass wir um unsere Erlösung wissen und auf sie warten,
auch in dieser Adventszeit.
Amen

Weihnachtsbrief

1999

Heilige Familie

Jedes Weihnachten sehen wir es neu vor uns, das Bild der Heiligen Familie: Joseph, Maria und das Kind. Sie sind wie in einen Kokon eingehüllt in ihre Beziehung zueinander. Dieses Bild weckt ganz tiefe Sehnsucht nach Geborgenheit, die wohl alle Menschen kennen. Menschen, die alt sind, aber nicht allein sein wollen. Die, die jung sind und ungebunden, sich nicht in vorgegebene Formen hineinpressen lassen – aber irgendwo dazu gehören, das ist wichtig. Wieder andere sind erwachsen, mitten im Leben, Familie und Beruf sind die vorgegebenen Pflichtraster. Sie sorgen für die anderen, aber wo ist Liebe, Geborgenheit, Zärtlichkeit abgeblieben im Alltag?

Im vergangenen Jahr war ich in der Adventszeit in Simbabwe. Auch dort gibt es Krippendarstellungen, aber die sind ganz anders als bei uns! Ein kleiner schwarzer Jesus in einer afrikanischen Rundhütte mit einer afrikanischen Mama und einem hochgewachsenen Jäger als Vater Joseph. Und ebenso gibt es Darstellungen der Heiligen Familie in Indien und in Bolivien, im Pazifik und in Rußland. Die biblische Geschichte, die uns Lukas erzählt, wurde zu allen Zeiten und an allen Orten verstanden. Eine Frau wird schwanger. Sie ist arm, ebenso wie der Mann an ihrer Seite. Unter demütigenden Bedingungen bekommen sie ein Kind. Liebe kommt zur Welt mit dieser Geburt. Viele Eltern dürfen das erleben: Da wird ein schutzloses Wesen geboren und mit ihm entsteht ein unbändiges Liebesgefühl. Und wer das nicht erlebt, kann es erahnen: vollkommene Liebe, eine Liebe, die sich hingibt für andere.

Maria behütet das Kind, Joseph schützt Mutter und Kind. Im Trubel der Zeit sind diese drei eine unzerstörbare Einheit. Vieles wartet auf sie an Herausforderungen in ihrem Leben, aber dieser Moment ist unwiederbringlich. Wenn Sie die Augen schließen, wie sehen Sie die drei vor sich? Wer von den dreien wären Sie gern? Ich möchte manchmal dieses Kind sein, geliebt, geborgen. Und dann wieder Maria, die vollkommen lieben, sich hingeben kann. Oder auch Joseph, der nicht viel fragt, sondern handelt, zuverlässig zur Stelle ist. Urbilder des Lebens sind das.

Ein Zimmermann, eine junge Frau, ein Neugeborenes – Gott wählt sich die erstaunlichsten Wege, um in der Welt präsent zu sein. Das hätten ja nun wahrhaftig glamourösere Persönlichkeiten sein können! Aber nein, Gott sucht die Menschen des Alltags. Gott sucht jeden und jede von uns. Gott sucht uns mit der gleichen Hingabe und Liebe, die Joseph, Maria und Jesus verknüpft. Eine Liebe, die einander zur Seite steht in guten und in schlechten Tagen. Gott wird Mensch, weil diese Liebe Gott hin zu den Menschen treibt.

Viele Jahre nach der Geburt Jesu wird der Apostel Paulus schreiben: Nun aber bleiben Glaube, Hoffnung, Liebe, diese drei; aber die Liebe ist die größte unter ihnen (1. Kor 13). Die Liebe ist die größte, weil sie unser Leben übersteigt. Weil sie uns singen und tanzen und jubeln läßt. Weil sie uns träumen läßt. Wenn Gott die Menschen liebt, wie wird es dann aussehen eines Tages bei Gott! Dann wird unser Mund voll Lachen sein. Dann werden alle Tränen abgewischt und der Tod wird nicht mehr sein. Die Hoffnungsvisionen der Bibel, sie sind in der Liebe gegründet.

Und wenn ich nun keine Liebe finde in meinem Leben? Wenn ich mich allein oder schikaniert oder ungeliebt fühle? Wenn ich die vollkommene Liebe, die ich ersehne, nicht finde? Dann kann mir das Bild von der Heiligen Familie sagen: so liebt mich Gott. So umfängt und umsorgt mich Gott. Gott liebt mich so sehr, daß sein Sohn aus Liebe sogar das eigene Leben hingibt. Deshalb kennt Gott auch die Schwachpunkte unseres Lebens, das, was nicht glänzt, auch nicht an Weihnachten. Gottes Zuwendung gibt mir Würde.

Sie gibt meinem Leben Kraft und Sinn. Das ist eine Lebens-Ermutigung.

Ich hoffe, daß Sie heute, am Heiligen Abend etwas von der Kraft dieser Liebe spüren. Daß Sie sich einfinden können in die Geborgenheit der Heiligen Familie, die die Geborgenheit Gottes ist. Gott sieht Sie und Ihr Leben. Dieses Kind in der Krippe, es hat uns davon erzählt, wie Gott uns je einzeln annimmt. Wir können unsere Ängste und Sorgen, aber auch unsere Freude und Festtagsstimmung direkt vor Gott bringen, Gott ansprechen im Gebet. Jesus hat mit seinem Leben gezeigt: Gottes Liebe trägt uns auch durch schwere Zeiten. Und sie wird uns tragen in ein neues Jahr, ein neues Jahrhundert, ein neues Jahrtausend. Von dieser Liebe können wir etwas weitertragen, als Kind oder Jugendlicher, als Mann und Frau, als alter Mensch oder junger Mensch. Solche Liebe wird die Welt heller machen. Sie wird Licht in die Welt bringen, wie die Kerzen am Weihnachtsbaum es uns vormachen.

Ich wünsche Ihnen gesegnete Weihnachtstage. Und ich wünsche Ihnen einen zuversichtlichen Übergang in das Jahr 2000. Dabei sind Sie getragen von Gott, der die Zeit in Händen hält und in Liebe sich den Menschen zuwendet. So wie Maria und Joseph sich dem Kind, so wie das Kind sich später den Menschen zuwendet, denen es begegnet. Das ist die Kraft der Liebe und die Geschichte der Liebe, in die wir uns einreihen. Heute abend und an jedem neuen Tag.

Gesegnete Weihnachten!
Ihre

Landesbischöfin Dr. Margot Käßmann

Weihnachtspredigt

Marktkirche Hannover
24. Dezember 1999

Gnade sei mit euch und Friede von Gott und dem Herrn Jesus Christus. Amen.

Liebe Gemeinde,

nun ist er da, der Heilige Abend. Ruhe kehrt ein in die tosenden Innenstädte. Eine besondere Stimmung legt sich über das Land. Lassen Sie los, was Sie umgetrieben hat in den vergangenen Tagen und Stunden. Die Geschenke sind besorgt, die Lebensmittel eingekauft, der Weihnachtsbaum ist geschmückt. Kommen Sie an in dieser Kirche, Sie sind willkommen. Das Haus ist bereitet, die Kirche gewärmt, die Orgel geprobt, der Chor eingestimmt. Lasst uns Weihnachten feiern. Schließen Sie die Augen, wenn Sie mögen. Es ist nun an der Zeit, endlich an das zu denken, worum es Weihnachten wirklich geht: das Geschenk der Nähe Gottes.

Wenn wir das Evangelium des Lukas heute Abend hier in der Marktkirche neu hören, dann verknüpfen sich die Jahre unseres Lebens, in die diese Botschaft geklungen ist. »Es begab sich aber zu der Zeit…« – das ist nicht nur ein Text, das ist eine Botschaft und ein Ritual, eine Tradition. Vieles werfen wir heutzutage allzu leichtfertig über Bord. Am Heiligen Abend wird besonders bewusst: Traditionen geben unserem Leben Rhythmus und Halt. So denken wir heute zurück an die Lichter, die wir an Weihnachtsbäumen entzündet haben, über die Jahre und an verschiedenen Orten. Als Kinder, als junge Menschen, als Erwachsene, als Ältere. Wir erinnern uns an dunkle Zeiten, in denen wir Weihnachten gefeiert haben und an fröhliche. An Menschen, mit denen wir gefeiert haben und die nicht mehr bei uns sind. Wir fühlen uns verbunden mit Millionen Menschen in aller Welt, die in diesen Tagen Weihnachten feiern. Ihr, die Jüngeren, werdet eines Tages dieses Weihnachten 1999 erinnern in der langen Kette: wie war es, voller Streit und Unbehagen oder froh und glücklich?

Was uns bedrückt und was uns freut, was enttäuscht und wofür wir dankbar sind, wird heute Abend hell bestrahlt von dem Licht, das Gott mit Jesus in die Welt geschickt hat. Ihm können wir unsere Hoffnungen und Enttäuschungen anvertrauen. Er steht für eine Lebenszusage, die weit hinausgeht über das, was wir sehen. Er erhebt Anspruch auf die Friedensherrschaft, die Recht und Gerechtigkeit bringt. Als Hoffnung über alle Zeiten hinweg. Er hält die Hoffnung wach, dass alles sich ändern kann. Und die Gewissheit, dass wir gehalten sind, weil im Dunkeln Licht scheint.

So hört die Verheißung des Propheten Jesaja:

(9, 1) Das Volk, das im Finstern wandelt, sieht ein großes Licht, und über denen, die da wohnen im finstern Lande, scheint es hell.
(2) Du weckst lauten Jubel, du machst groß die Freude. Vor dir wird man sich freuen, wie man sich freut in der Ernte, wie man fröhlich ist, wenn man Beute austeilt.
(3) Denn du hast ihr drückendes Joch, die Jochstange auf ihrer Schulter und den Stecken ihres Treibers zerbrochen wie am Tage Midians.
(4) Denn jeder Stiefel, der mit Gedröhn dahergeht und jeder Mantel durch Blut geschleift, wird verbrannt und vom Feuer verzehrt.
(5) Denn uns ist ein Kind geboren, ein Sohn ist uns gegeben und die Herrschaft ruht auf seiner Schulter. Und er heißt Wunder-Rat, Gott-Held, Ewig-Vater, Friede-Fürst;
(6) auf daß seine Herrschaft groß werde und des Friedens kein Ende auf dem Thron Davids und in seinem Königreich, daß er's stärke und stütze durch Recht und Gerechtigkeit von nun an bis in Ewigkeit. Solches wird tun der Eifer des Herrn Zebaoth.

Liebe Gemeinde, auch der Predigttext für die heutige Christvesper ist vertraut. Das Volk, das im Finstern wandelt. Ja, auch wir. Auch wir wie Generationen vor uns. Auch am Ende des 20. Jahrhunderts, das mit so vielen Hoffnungen begann. Jeder und jede von uns spüren im Leben diese Finsternis. Gewiss, viele sind heute Abend hier, glücklich, das Leben angefüllt mit Gutem, für das wir dankbar sind. Aber da sind auch die, die einsam sind, bitter vielleicht am Abend des Lebens. Andere jung, voller Tatendrang, aber gebremst – durch Türen, die nicht offen stehen. Und in der Mitte des Lebens, da sehen sich viele angefüllt mit Pflichten und Verpflichtungen, aus denen es scheinbar kein Entrinnen gibt.

Wohnen im finstern Land. Nie wieder Krieg – wie oft wurde das gerufen in diesem geknechteten Jahrhundert, das mehr Kriegstote gesehen hat als je ein Jahrhundert zuvor. Krieg darf nach Gottes Willen nicht sein, sagten die Kirchen der Welt 1948. Und doch kommt der Krieg kaum zum Stillstand, auch nicht heute Abend in Grosny und im Südsudan. Und die Gerechtigkeit – sie ist Utopie geblieben für ein Drittel der Menschheit, das in Armut lebt, dahinvegetiert ohne Nahrung, ohne Obdach.

Liebe Gemeinde, da könnten wir ja fast verzagen, uns verkriechen, das ist kaum zu ertragen. Aber Jesaja sagt: Das Volk, das im Finstern wandelt, sieht ein großes Licht! Und über denen, die da wohnen im finstern Lande, scheint es hell. Das ist ja das Erstaunliche, das Wunder, dass Menschen immer wieder Licht sehen konnten in der Finsternis. Gegen alle Realität und Dunkelheit: das Licht Gottes scheint! All die Lichter, die wir heute Abend anzünden, sie sind nur ein kleines Zeichen für Gottes großes Licht, das die Dunkelheit angreift. Wir zünden Lichter an, um aufmerksam zu machen auf Gottes Licht. Wir schenken heute Abend denen, die wir lieben, etwas, weil wir unsere Freude weitergeben wollen über das Geschenk der Liebe Gottes. Gott liebt uns. Eine richtige Liebeserklärung, die lässt ja schamhaft erröten, auch in der Zeit des Techno, denke ich. Mich liebt er, liebt sie, mich!

Mit diesem Licht in der Finsternis weckt Gott lauten Jubel. Wir können uns freuen über Gottes Lebenszusage. Du bist eben nicht allein, du bist nicht chancenlos, du bist nicht in einer Sackgasse, weil Gott an deiner Seite steht, weil Gott dir Lebenssinn zuspricht, weil Gott Wege aufzeigt. Da haben wir doch allen Grund zu jubeln! Wenn wir diese Zusage Gottes doch mehr ausstrahlen würden als Christinnen und Christen. Wir müssen nicht kleinlaut verstummen, bloß weil einige meinen, Christentum sei out. Nein, wir haben einen Grund, von dem her wir leben können, und das können wir heute Abend mit großer Freude, mit Dankbarkeit mit einem richtigen Fest feiern. Da kleiden wir uns festlich, da wird der Tag hervorgehoben aus dem Alltag.

Gleich werden die Bedenken kommen – haben wir Grund zu jubeln bei all den Problemen? Ja, wir haben Grund, wir sind nicht allein, mitten in der Finsternis. Und: überfordern wir uns nicht mit so einem Fest der Liebe? Wir wissen doch, dass es auch heute Abend kracht in den Familien, dass Menschen allein bleiben. Dennoch: uns ist ein Kind geboren. Gegen alle Erfahrung, gegen allen Einspruch ist Weihnachten ein großes Fest. Nicht rauschend, eher still und ruhig. Aber ein Fest, weil wir sagen können: Gott kommt zu uns. Wir sind nicht verlassen auf einem zerstörten Planeten im All.

Dieses Kind trägt die Herrschaft auf der Schulter. Dass ein Kind Gottes Erscheinen in der Welt darstellt, das hat schon immer irritiert. Kinder, sie sind so verletzbar, hilfsbedürftig. Oft genug nehmen Erwachsene sie nicht ernst. Kinder sind die ersten Opfer von Krieg und Hunger. In einem Kind aber steckt stets der Keim der Zukunft, der Erneuerung, ein Hauch von Ewigkeit. Genau wie mit dem Licht in der Finsternis kündigt Gott so Widerspruch an gegen das, was wir sehen, gegen unser so begrenztes Verstehen der Wirklichkeit. Dieses Kind wird eine Friedensherrschaft einläuten, die kein Ende hat. Eine Friedensherrschaft, die gekennzeichnet sein wird von Recht und Gerechtigkeit.

Wie oft wurde in diesem vergehenden Jahrhundert wieder auf einen solchen Herrscher gehofft. Ein Politiker, der Frieden bringt, ein Präsident, der Gerechtigkeit schafft. Wie viel fehlgeleitete Hoffnung. Die einen haben diese Hoffnungen furchtbar missbraucht, wie Hitler und Stalin, wie Mao und Mugabe. Die anderen wurden ermordet, weil sie die Hoffnungen umsetzen wollten wie Kennedy und Allende, wie Rabin und Saddat. Das Bemühen anderer ist gescheitert, sie wurden schachmatt gesetzt, korrumpiert oder im bürokratischen Alltag zermahlen. Die Herrschaft des Kindes, das ein Mann wurde, der predigte von der Nähe Gottes zu den Menschen, hingerichtet wurde als Aufrührer – das ist wahrhaftig ein Widerspruch wie der von Licht in der Dunkelheit. Widerständig hat diese Vision gemacht immer da, wo die Realität nicht überwindbar schien: in Südafrika etwa oder in der Deutschen Demokratischen Republik. Ja, auch solche Lichtblicke hat unser Jahrhundert aufzuweisen. Sternstunden, in denen etwas sichtbar wurde von dem, was wir erhoffen. Die Botschaft vom Friedefürsten, sie hat Menschen beflügelt, getragen, ermutigt, mitten im Dunkel das Licht zu erkennen und im Namen dieses Lichtes zu handeln. So scheint Licht in der Finsternis.

Liebe Gemeinde, ein Friedefürst, dessen Herrschaft groß werde und des Friedens kein Ende gestützt durch Recht und Gerechtigkeit – wenn dieser Text von mir wäre, würden viele sagen: typisch Bischöfin. Utopisch, realitätsfremd, politisch naiv. Aber dieser Text ist aus der Bibel, der Grundlage unseres Glaubens. Der Text aus dem Buch des Propheten Jesaja enthält eine Vision, die wir mit dem jüdischen Volk teilen. Das jüdische Volk betrachtet die Verheißung als noch zu erfüllen, das respektieren wir. Die ersten Christinnen und Christen aber erkannten in Jesus Christus die Erfüllung der Verheißung. Der Stern über dem Stall, von dem Lukas erzählt. Die Klarheit des Herrn, die um die Hirten leuchtete. Jesus selbst, der sagte: Ich bin das Licht der Welt. Das Kind, das im Stall geboren wird, als den Friedefürsten.

Wir sehen die Vision verwirklicht in der Geburt des Kindes, dessen 2000. Geburtstag wir feiern. Jesaja hat die größte Sehnsucht der Menschen nach einem Leben in Frieden und Gerechtigkeit in wunderbare Worte gefasst. Und er wusste, wovon er sprach. Er hat Krieg erlebt, und so ist es kein

Wunder, wenn er die Bilder sehr konkret malt: es wird keine Stiefel geben, die mit Gedröhn dahergehen und keine Mäntel durch Blut geschleift. Das sind Gegenbilder zu den Erfahrungen auch des vergangenen Jahres. Da haben Stiefel gedröhnt im Kosovo, in Osttimor, in Tschetschenien, da wurden Mäntel in Blut geschleift. Ob das neue Jahr, Jahrzehnt, Jahrhundert, Jahrtausend uns der Vision des Propheten endlich näher bringt? Lassen Sie uns dafür beten und handeln. Und wo wir enttäuscht werden, hoffen wir auf Gott, dessen Frieden höher ist als unsere Vernunft.

Frieden sagt Jesus Christus an in einer zerrütteten Welt. So lassen Sie uns heute in der Heiligen Nacht Lichter anzünden und jubelnd, froh, getröstet und gehalten Weihnachten feiern in der Heiligen Nacht. Gott kommt in die Welt. Zu denen ohne Obdach und denen im Krieg. Zu den Alten und den Jungen. Zu dir und zu mir. Gesegnete Weihnachten! Amen.

Ansprache beim Epiphanias-Empfang

Loccum
6. Januar 2000

Sehr geehrter Herr Landtagspräsident,
sehr geehrter Herr Ministerpräsident,
meine sehr geehrten Damen und Herren,

dieses ist der erste Empfang, zu dem ich als Landesbischöfin gemeinsam mit dem Abt einladen konnte. Und so freue ich mich besonders, Sie in alter Tradition hier in Loccum begrüßen zu können. Für das neue Jahr wünsche ich Ihnen von Herzen Gottes Segen und gutes Geleit.

Geburtstag Jesu Christi

Wir befinden uns in den ersten Tagen eines ganz besonderen Jahres. Nun will ich nicht die Debatte noch einmal fortführen, ob nun ein neues Jahrzehnt, Jahrhundert oder Jahrtausend begonnen hat oder dies erst in zwölf Monaten der Fall sein wird. In jedem Fall feiern wir den *2000. Geburtstag Jesu Christi* und für die christlichen Kirchen ist das ja nun wirklich ein ganz besonderer Anlass. Manche haben versucht, das zu relativieren. Da wird erläutert, es sei nach dem ersten ägyptischen Kalender schließlich das Jahr 6236. Nach dem jüdischen Kalender zählen wir das Jahr 5760. Nach der Zeitrechnung der Maja befinden wir uns im Jahr 5119, nach dem alten römischen Kalender dagegen im Jahr 2753. Und ich könnte fortfahren: der buddhistische Kalender zählt das Jahr 2544, der babylonische das Jahr 2749 und der koptische das Jahr 1716. Jünger wird es mit dem moslemischen Kalender, der zählt das Jahr 1520, der persische das Jahr 1378. Am spannendsten fand ich, dass ein Fernsehsender, anders als alle Theologinnen und Theologen, Exegetinnen und Exegeten, genau weiß, wann Jesus geboren ist. 3Sat hat mir eine recht pfiffige Weihnachtskarte geschickt, die erklärt, nach dem tatsächlichen Geburtsdatum von Jesus Christus sei es das Jahr 1997.

Als Jesus geboren wurde, war das kein Ereignis, das Geschichtsschreiber notierten. Erst mit seinem Tod und seiner Auferstehung wurde die Bedeutung dieses Mannes Jesus offensichtlich, weil er sich für die ersten Gemeinden als der Christus, Gottes Sohn, der Auferstandene offenbarte. So wurde zurück gerechnet von den Daten, die wir über seine Kreuzigung haben. Danach kann berechnet werden, dass Jesus frühestens im Jahre 27, spätestens im Jahre 34 gekreuzigt wurde. In den ersten Jahrhunderten einigten sich die Kirchen schließlich darauf, mit dem, was wir heute als das Jahr 0 bezeichnen, den Geburtstermin festzusetzen. Diesen Termin feiern wir und trotz aller Gegenargumente, danach wird die Weltgeschichte gezählt.

Unsere Zeit in Gottes Händen so hat die Evangelische Kirche in Deutschland die Veranstaltung zum Übergang ins neue Jahrtausend betitelt. In Anlehnung an Psalm 31 (dort heißt es: »Meine Zeit steht in deinen Händen«) wird darauf hingewiesen, dass wir Zeitenenden oder Zeitenwenden nicht zu fürchten haben, die Zählung von Zeit eben zweitrangig ist. Vielmehr können wir unsere Zeit getrost in Gottes Hand sehen. Unsere Zeit in Gottes Händen – das verweist uns darauf, jede Zeit aus Gottes Hand zu nehmen und in Gottes Hand zu geben. Die Frage der Zeit ist in unserem Kulturkreis ungeheuer dominant. »Bei der Schöpfung gab Gott den Afrikanern die Zeit und den Europäern die Uhr« – das habe ich in Afrika einmal gehört. Und tatsächlich wird ja ein ganzer Kult um Zeitdruck und Zeitstress getrieben. Das Lebensthema der einen ist der Zeitmangel. Und andere haben zu viel Zeit, müssen Zeit totschlagen, Lebenszeit als vergeudete Zeit. Vielleicht ist die Jahrtausendwende auch ein Anlass, über diese Zeitfragen nachzudenken. Die Kirchen können hier ihre Kompetenz einbringen. Kirchen bieten Raum für die Gott-Suche und die Lebenssuche. Mitten in der Konsum- und Leistungsgesellschaft schaffen sie Aus-Zeiten.

Der Mensch ist auf diese Auszeiten dringend angewiesen, wenn er sich selbst nicht verlieren will.

Auf vielfältige Weise wollen die evangelischen Kirchen das Jahr 2000 als Chance nutzen, ihre geistliche, ihre spirituelle Kompetenz einzubringen. Unsere Gesellschaft braucht sie, davon bin ich überzeugt. Der Glaube und die Tradition, auf die sich dieser 2000. Geburtstag beziehen, sie bergen einen Erfahrungsschatz, der Lebenshilfe sein kann in unserer verwirrten und entwurzelten Zeit. Die Riten und Traditionen, die Festzeiten, die das Jahr gliedern, sie geben dem Leben Halt. In einer Zeit, die vieles leichtfertig über Bord wirft und gleichzeitig den Verlust an Werten beklagt, sollten die Kirchen, können Christinnen und Christen ihren Erfahrungsschatz fruchtbar und zugänglich machen für andere. Gottes Zuwendung zur Welt, die Jesu Geburt vor 2000 Jahren sichtbar macht, Gottes Zuwendung zu jedem Menschen, die Jesu Leben erfahrbar macht, und die Überwindung des Todes, die Überschreitung der Grenze der Lebenszeit, die uns die Auferstehung verspricht, das ist eine Botschaft, die die Welt heute so dringend benötigt wie in den vergangenen 2000 Jahren.

Mir scheint das Jahr 2000 ein guter Anlass für die Kirchen, unsere Gesellschaft darauf hinzuweisen, wo ihre Wurzeln ligen: Im Christentum.

Sonntag

Damit komme ich zum zweiten der sieben Themenkreise, die ich heute nachmittag kurz ansprechen will mit Blick auf die Kirche in unserer Gesellschaft: Es geht um den *Sonntag*. Im vergangenen Herbst hat die Evangelische Kirche in Deutschland in allen 24 Landeskirchen eine große Aktion zum Schutz des Sonntages betrieben. Wir sind sehr glücklich über diese Kampagne. Einerseits hat sie gezeigt, dass die evangelischen Kirchen gemeinsam Position beziehen können und kampagnenfähig sind. Sie hat nach außen deutlich gemacht, dass wir für den Sonntag eintreten werden, auch stellvertretend für eine Gesellschaft, die meint, sie könne auf den Sonntag verzichten. Auf der einen Seite wird ständig beklagt, dass Werte verlorengehen. Hier aber ist ein Wert, der die Gesellschaft wahrhaftig zusammenhält. Es scheint mir wichtig, dass die Kirchen an dieser Stelle mahnen. Die Kampagne hat aber auch eine Bedeutung nach innen, in die Kirche hinein. Viele haben sich neu bewusst gemacht, wie sie denn den Sonntag gestalten und feiern. Was bedeutet uns das Gebot »Du sollst den Feiertag heiligen«? Wie können wir eine Sonntagskultur auch persönlich im privaten Bereich pflegen und bewusster den Sonntag gestalten? Da geht es natürlich einerseits für uns als Kirchen um den Gottesdienst. Es geht aber auch um eine Alltagsspiritualität und Rituale im Leben, die dem Leben Rhythmus und Halt geben. Dieses Thema des vergangenen Jahres wird uns auch im neuen Jahr begleiten.

Rechtfertigungslehre

Ein weiteres wichtiges Thema: Am 31. Oktober wurde in Augsburg die Gemeinsame Offizielle Feststellung zur Gemeinsamen Erklärung zur *Rechtfertigungslehre* unterzeichnet. Selten hat ein theologischer Text so viel öffentliche Wirksamkeit gehabt. Das lag natürlich zum Teil daran, dass manche im evangelischen Bereich lutherische Grundsätze in Frage gestellt sahen, andere im katholischen Bereich eine zu große Annäherung an die Positionen Luthers. Dieser Streit wird uns weiter begleiten. Wichtig ist mir: Hier wurde an einem Punkt, an dem im 16. Jahrhundert die entscheidende Spaltung der Westkirche vollzogen wurde, gemeinsam erklärt: So wie wir die Lehre heute formulieren, ist sie nicht mehr kirchentrennend. Die lutherischen Kirchen und die römisch-katholische Kirche sind einen Schritt auf dem Weg zur Kirchengemeinschaft gegangen. Wiederum hat das für mich zwei Bedeutungslinien. Zum einen machen wir sichtbar: Uns verbindet mehr als uns trennt. Wir haben einen gemeinsamen Glauben, die Bibel als gemeinsame Grundlage des Glaubens. Wir wissen um die grundsätzliche Zusage Gottes vor allem, was wir leisten können. Und wir wissen, dass wir bei allen Trennungen in Lehre und Praxis doch nur Teile der einen weltweiten Kirche sind, die wir im Glaubensbekenntnis bekennen. Die Rechtfertigungslehre ist für uns als lutherische Kirchen ja tatsächlich Dreh- und Angelpunkt mit Blick auf das Gottesverhältnis des Menschen. Dass Gott uns Lebensrecht, Würde zusagt ohne jede vorherige Leistung. Dass wir sagen können: Gott liebt uns, obwohl wir sind, wie wir sind, ohne jede Vorbedingung, das gibt die Freiheit eines Christenmenschen, von der Martin Luther sprach. Mir ist die Diskussion um die Rechtfertigungslehre zum anderen auch wichtig, weil ich überzeugt bin, dass die Kirchen hiermit einen sehr kritischen Akzent in unserer Leistungsgesellschaft setzen können. Nicht, dass Leistung abzulehnen wäre, das würde ganz und gar nicht dem protestantischen Ethos entsprechen. Aber vor jeder Leistung ist der Mensch vor Gott gerecht, wie Martin Luther es ausdrückte. Oder wie wir vielleicht sagen würden: Der Mensch als Gottes Geschöpf ist an sich wertvoll. Und so gibt es vor Gott keine Werteskala zwischen einem behinderten Kind und einer erfolgreichen Unternehmerin, einem siegreichen Politiker und einem pflegebedürftigen alten Mann.

Kurzum: Ich denke, die Unterzeichnung war ein gewichtiger Schritt. Wir werden uns dafür einsetzen, dass weitere Schritte folgen werden, bis endlich die gastweise gegenseitige Einladung zum Abendmahl erreicht ist. Unterschiede werden bleiben, aber sie sollen nicht länger trennend wirken. Die Zukunft, sie wird – so hoffe ich – ökumenische Akzente setzen.

Evangelisch aus gutem Grund

Unterschiede werden bleiben: Mir liegt daran, dass wir ein je klares eigenes Profil haben, um in den ökumenischen Dialog eintreten zu können. So haben wir denn auch die Kirchenvorstandswahlen Anfang April diesen Jahres unter das Motto gestellt *»Evangelisch aus gutem Grund«*. Manche haben sich bei mir beklagt, ob dies nicht einen anti-ökumenischen Affekt darstelle. Bischof Bode wird mir bestätigen, dass die katholische Kirche mit diesem Motto weniger Probleme hat als mancher Evangelische. Was heißt denn evangelisch sein? Erst wenn ich das weiß, kann ich auch aus den Unterschieden

zu Katholikinnen und Katholiken lernen. Vier Punkte sind mir dabei besonders wichtig:
- Das **Solus Christus**, Christus allein, das die Reformatoren zur Grundlage genommen haben. Nicht Heilige, nicht Ikonen, auch nicht Bischöfe und nicht Pastoren stehen zwischen Gott und dem Menschen. Christus steht in der Mitte unseres Glaubens, und jeder und jede kann sich unmittelbar im Gebet an Christus wenden.
- **Sola scriptura**, allein die Schrift. Die Bibel ist die Grundlage unseres Glaubens. Auch wenn wir heute wissen, dass die Bibel ein von Menschen geschriebenes Buch ist, dass sie zu unterschiedlichen Zeiten entstanden ist, wir sie historisch-kritisch lesen, nimmt das der Schrift doch nicht die Autorität. Für uns Evangelische ist die Bibel der Maßstab, mit dem wir uns den Herausforderungen unserer Zeit stellen.
- **Sola fide**, allein der Glaube. Hier entsteht eben die bereits genannte Freiheit christlicher Existenz. Ich werde schuldig, ich versage, aber ich kann diese Schuld und dieses Versagen vor Gott bringen. Was mich trägt im Leben, ist der Glaube.
- **Sola gratia**, allein die Gnade Gottes, Gottes Gnade allein ist es, die mich rettet.

Einige Male hatte ich in den letzten Wochen mit Impulsen der Wirtschaft für die Kirche zu tun. Ich glaube, einiges können wir tatsächlich von der Wirtschaft lernen. Zum Beispiel: In einer Marktsituation ist ein klares Profil gefragt. Mir liegt daran, dass wir das Profil schärfen, und ich hoffe, die Kirchenvorstandswahlen können dazu beitragen.

Zwei weitere Punkte will ich für das kommende Jahr als Ausblick benennen:

EXPO

Die *EXPO* wird für uns natürlich eine Herausforderung werden. Bischof Hirschler hat schon im vergangenen Jahr in seinem Beitrag darauf hingewiesen: Der Christuspavillon wird mitten auf der Plaza stehen, so wie traditionell die Kirche mitten im Dorf steht. Für uns wird das eine wirkliche Herausforderung, ein Experiment. Auf der einen Seite werden wir sprachfähig sein müssen in der Welt der Technik, der Welt auch säkularer Besucherinnen und Besucher. Es wird darum gehen, von unserem Glauben so zu reden, dass Menschen von heute Zugang finden. Zum andern wird der EXPO-Pavillon ein Ort der Ruhe und des Rückzugs im Getümmel sein. Ein Ort, an dem Menschen mit ihren spirituellen, geistlichen Fragen Heimat finden, Menschen finden, die Rede und Antwort stehen. Dass dies als ökumenisches Projekt gemeinsam mit der römisch-katholischen Kirche gestaltet wird (auf evangelischer Seite arbeiten unsere Landeskirche und die EKD eng zusammen), freut mich besonders. Viele Teilprojekte werden in unseren Kirchen gefördert: EXPO-Kirchen in der ganzen Stadt Hannover zu Schwerpunktthemen wie Diakonie, oder Frauen, oder Weltanschauungen, ein Jugendcamp am Maschsee und ein Jugendcamp in Hildesheim. Die EXPO kann gerade mit Blick auf die Jugend ein besonderer Punkt sein.

Gewaltüberwindung

Als persönliches Schwerpunktthema will ich die Frage der *Gewaltüberwindung* aufgreifen. Der Ökumenische Rat der Kirchen hat für die Jahre 2001 bis 2010 eine »Ökumenischen Dekade zur Überwindung der Gewalt« ausgerufen. Sie soll am 01.01.2001 beginnen. Hierzu werden wir Vorbereitungen treffen müssen: An welchen Projekten können wir uns als Kirchen beteiligen? Welche Projekte gibt es bereits? Wo sollten wir im Neuen und auch im Alten Testament noch einmal nachlesen? Wie gibt uns die Bibel Orientierung? Wenn Jesus gesagt hat »Selig sind die Friedfertigen« – was bedeutet uns das heute?

Ich freue mich sehr, dass Polizeipräsident Klosa auf mich zugekommen ist und wir bereits im Januar beginnen werden in der Zusammenarbeit mit der Polizei und ihrer Aktion »Gegen Gewalt«. Das ist ein erster Schritt. Im Laufe des kommenden Jahres könnte sich abzeichnen, wie unsere Landeskirche und auch die EKD sich an diesem weltweiten Projekt der Kirchen ab 2001 beteiligen.

Meines Erachtens wird es bei dieser Dekade darum gehen, vielfältige Aktivitäten unter einem Logo sozusagen zusammenzubinden. Gewalt in der Familie, Gewalt auf der Straße, Gewalt an Schulen und unter Jugendlichen. Aber auch Gewalt im Sinne von Kriminalität und struktureller Gewalt. Und auch: Der Missbrauch von Religion zur Legitimation von Gewalt. Wir haben das im letzten Jahrhundert vielfach gesehen und erleben es heute im Sudan, auf den Molukken, zwischen Kopten und Muslimen in Ägypten. Und schließlich die Gewalt in internationalen Konflikten. Wie hilflos und ohnmächtig wir dem Morden in Grosny von Deutschland aus zusehen, das kann uns keine Ruhe lassen. Eine Stadt wird dem Erdboden gleichgemacht, in der noch bis zu 30 000 Zivilisten vermutet werden. Das ist eine Verletzung der Menschenrechte und der Völkerrechte! Da müsste es einen Aufschrei geben in der Welt. Stattdessen: ohnmächtiges Schweigen.

Das neue Jahrtausend

»Unsere Zeit in Gottes Händen«, so habe ich begonnen. Was nehmen wir als Christinnen und Christen nun mit in das neue Jahr, Jahrzehnt, Jahrhundert, Jahrtausend? Zunächst eine gewisse *Nüchternheit*. Seit 2000 Jahren, wie in den Jahrtausenden zuvor auch, wurden Menschen geboren, sind Menschen gestorben, gab es Freud und Leid. Dies wird auch in Zukunft so sein. Wir nehmen Respekt vor dem Leben mit. Die Zerbrechlichkeit des Lebens, die Gewalt der Lebenszerstörung, die hat uns das vergangene Jahrhundert nun wahrhaftig vor Augen geführt. *Respekt vor dem Leben* als Geschenk Gottes – dafür werden die Kirchen auch in Zukunft eintreten in der Nachfolge Jesu. Und wir nehmen *Hoffnung* mit: Einst wird Gott abwischen alle Tränen, und der Tod wird nicht mehr sein. Diese Vision, die über unsere Zeit und Welt hinausgeht, die wird uns nicht verzagen lassen, auch in Zukunft Spuren dieser Hoffnung zu legen in unserer Zeit und Welt.

»Unsere Zeit in Gottes Händen« – Ich wünsche Ihnen allen, dass Sie Ihre Zeit in Gottes Hand legen und dort sehen können. Viele der Herausforderungen gehen wir gelassener an, wenn wir sie mit Blick auf Gottes Ewigkeit betrachten. Aber wir können Zeit auch als rechenschaftspflichtige Zeit verstehen, Zeit, die wir zwar einmal fröhlich genießen und vertrödeln dürfen, aber Zeit, die geschenkte Zeit ist und auch begrenzte Zeit. Keiner hat das für mich treffender ausgedrückt, als der Autor des biblischen Buches Prediger. Und so möchte ich mit Worten aus Prediger 3 schließen:

> *»Ein jegliches hat seine Zeit und alles Vorhaben unter dem Himmel hat seine Stunde: Geboren werden hat seine Zeit, sterben hat seine Zeit, pflanzen hat seine Zeit, ausreißen was gepflanzt ist hat seine Zeit. ... Weinen hat seine Zeit, lachen hat seine Zeit, klagen hat seine Zeit, tanzen hat seine Zeit... Da merkte ich, daß es nichts Besseres dabei gibt als fröhlich sein und sich gütlich tun in seinem Leben. Denn der Mensch, der da ißt und trinkt und hat guten Mut bei all seinem Mühen, das ist eine Gabe Gottes. Ich merkte, daß alles was Gott tut, das bestätigt für ewig. Man kann nichts dazu tun noch weg tun.«*

Ich wünsche Ihnen ein gesegnetes Jahr 2000.

Weihnachtskreis
2000 — 2001

Morgenandacht

(Herodes, Matthäus 2, 3 f. (16))
18. Dezember 2000

Warten mit Angst

Haben Sie Angst vor Weihnachten? Weihnachten ist nämlich ein gefährliches Fest. Da wird Porzellan zerschlagen – im wahrsten Sinne des Wortes. Für Familien ist das Fest kritisch, weil es doch besonders schön sein soll. Alles ganz festlich und gemütlich. Und dann mault die große Tochter, dass das alles spießig sei. Der Familienvater fragt, ob seine Frau wohl verrückt geworden wäre, so viel Geld für eine Digitalkamera auszugeben. Und seine Frau guckt etwas erschöpft und enttäuscht auf die Mikrowelle. Sie hat schon eine. Und ihr größter Weihnachtswunsch war das bestimmt nicht. Alles ganz wunderbar weihnachtlich... Davor haben viele Angst: erzwungenes und erduldetes Familienglück. Andere haben Angst vor der Einsamkeit. Während in jedem Radio von der so herrlichen Stillen Nacht gedudelt wird, wissen sie nicht, wie sie damit fertig werden sollen, so allein zu sein. Angst vor Weihnachten ist also durchaus berechtigt. In der Bibel wird von einem erzählt, der ganz andere Angst vor Weihnachten hat. Der König Herodes hört von den drei Weisen aus dem Morgenland, dass da ein König geboren sein soll. »Er erschrak«, heißt es im Matthäusevangelium und will sofort wissen, wo das denn passieren soll. Herodes hat Angst, weil er weiß, dass er kein guter Herrscher ist. Er unterdrückt die Menschen, es geht ihm nur um seine Macht. Und im Innersten erkennt er: Das ist falsch. Das kann vor Gott nicht bestehen. Er spürt, was gut und böse ist. Seine Angst führt ihn dazu, schließlich alle Kinder in Bethlehem und auch in der ganzen Gegend töten zu lassen, die zwei Jahre und jünger sind.

Ein Mörder, ein Massenmörder. Davon kannte das 20. Jahrhundert viele. Nicht nur Hitler, auch Stalin, Pol Pot, Idi Amin. Menschen, die Böses im Sinn haben, die das Leben anderer zerstören. Ja, das sind Menschen, die Angst haben müssen vor Weihnachten. Weil Weihnachten deutlich wird, dass Gottes Herrschaft größer ist als die eines Herodes oder eines Slobodan Milosevic. Menschenreiche fallen, Gottes Reich bleibt bestehen. Gott kommt selbst in die Welt – das ist eine Herausforderung für alle, die meinen, Weltenherrscher zu sein. Sie haben berechtigte Angst, weil Gott richten wird über gut und böse.

Die Einsamen, die in der Familienkrise, sie dürfen auf Weihnachten vertrauen. Keine Angst! Gott will ja gerade bei denen sein, die sich allein und verlassen fühlen. Das Kind in der Krippe wird sich als Erwachsener denen zuwenden, die Krisen kennen, die um Streit und Auseinandersetzung wissen. Jesus wird die Hand ausstrecken zu denen, die Angst haben, weil sie schwach sind, verwirrt, vor den Scherben und Trümmern ihrer Bemühungen stehen. Ihnen sagt Jesus: Gerade euch will sich Gott zuwenden. Also: Keine Angst. Weihnachten kommt und will Menschen stark machen gegen die Angst, stärken zum Guten. Selbst wo wir mit unseren Ansprüchen scheitern, ist Weihnachten doch gelungen. Damals schon in Bethlehem. Wir dürfen warten – noch sechs Tage.

Morgenandacht

(Die Hirten, Lukas 2, 17 f.)
19. Dezember 2000

Warten mit Hoffnung

Wenn bei der Müllabfuhr einer ausfällt, wenn ein Möbelpacker gebraucht wird, dann sind sie dran. Willi, Joe, Thorsten und Michi kennen sich schon lange. Gelegenheitsarbeiter sind sie. Für einen Job auf Dauer reicht es nicht, dazu hängen sie zu oft an der Flasche. Ein normaler Arbeitsrhythmus, das ist nichts für sie. Und auch mit 630-Mark-Verträgen klappt es selten. Eines Tages, als sie zusammen sitzen, der LKW leer und die Frage nach dem nächsten Gelegenheitsjob wieder vor ihnen, da passiert etwas. Der Mann, dessen Möbel sie schleppen, geht auf sie zu und sagt: »Hey, ich finde es echt gut, dass es euch gibt. Das war klasse heute. Mann, tut doch nicht so, als wärt ihr der letzte Dreck. Seid doch nicht so verdammt hoffnungslos. Euer Leben macht Sinn.«

Die abgetakelten Gestalten von der Müllabfuhr, sie durchströmt auf einmal ein ganz neues Gefühl. Da ist jemand, der findet mich wichtig. Und Recht hat er, ich muss nicht mehr vor mich hindüsen. Spürst du nicht die Luft? Siehst du den wunderbaren klaren Himmel? Das Leben will gelebt werden! Und sie gehen los und erzählen den Menschen, dass sie das Gefühl haben, ihnen sei Gott begegnet.

Was würden die Leute wohl sagen? Zuviel Schnaps am frühen Morgen. Oder: Hau ab, zieh Leine! Du stinkst, Alter. Die Hirten in der Weihnachtsgeschichte, die von einem Engel auf dem Feld angesprochen wurden, sie hatten den Mut, sich zu trauen. Die kleine Pflanze Hoffnung begann auf einmal zu wachsen. Und sind bis zu diesem Kind gegangen. Im Stall. In der Bibel heißt es: »Als sie es aber gesehen hatten, breiteten sie das Wort aus, das zu ihnen von diesem Kinde gesagt war. Und alle, vor die es kam, wunderten sich über das, was ihnen die Hirten gesagt hatten.« Na, das ist ja nun nicht erstaunlich. Da laufen Hirten herum, und das war nichts anderes in biblischer Zeit als unsere Gelegenheitsarbeiter. Und die erzählen etwas von Gott. Sind doch noch nicht einmal anständige Kirchgänger. Und Theologie studiert haben sie schon gar nicht!

Ich glaube, dass Gott am Werke ist, wenn Menschen plötzlich von Hoffnung erfüllt werden. Wenn mitten in Hoffnungslosigkeit dieser kleine Vogel Hoffnung wach wird. Hoffnung, dass mein Leben doch Sinn hat.

In Afrika wird folgende Geschichte erzählt. Ein Mann hat viele Hühner. Ein Huhn unter ihnen sieht merkwürdig aus. Eines Tages kommt ein Fremder vorbei und ruft: »Das ist kein Huhn, das ist ein Adler.« Der Hühnerbesitzer sagt: »Unsinn. Es pickt wie ein Huhn, es benimmt sich wie ein Huhn, also ist es ein Huhn.« Der Fremde bittet: »Verkauf mir das Huhn.« Er kauft das Huhn und geht mit ihm auf einen hohen Berg. Plötzlich spürt der Adler die Freiheit, die Luft, er breitet die Flügel aus, schlägt und schwingt sich als Adler in die Höhen. Mit dieser Geschichte hat uns Bischof Tutu auf der EXPO im Juni in Hannover zugerufen: »Ihr seid keine Hühner, ihr seid Adler.«

Ja, wir sind Adler. Wir sind Menschen, die Hoffnung haben dürfen. Hoffnung, weil da ein kleines Kind im Stall geboren wurde, das die Hoffnung auf Gott erkennbar macht.

Wir warten auf Weihnachten. Wir warten mit Hoffnung. Noch fünf Tage.

Morgenandacht

(Die drei Weisen, Matthäus 2, 9b-11)
20. Dezember 2000

Warten mit Erwartung

Deutschland, das gelobte Land. Das hat der kleine Junge aus dem Sudan immer wieder gehört. Da ist alles gut. Da gibt es Essen in Hülle und Fülle. Ein Dach über dem Kopf. Er hat sogar gehört, dass Mädchen da genauso behandelt werden wie Jungen. Deutschland, das gelobte Land, da soll er auch als Christ leben können, ohne dass er sich verstecken muss. Deutschland, das gelobte Land, von nichts anderem haben die Eltern auf der Flucht gesprochen. Das muss fast schon so sein wie der Himmel auf Erden. Gott mitten unter den Menschen. Er träumt davon, freut sich darauf, nichts ist größer als seine Sehnsucht nach Deutschland.

Mit so großen Erwartungen sind vor 2000 Jahren auch drei Gelehrte nach Palästina gereist. Ihre wissenschaftlichen Forschungen, ihre Kenntnis der Astronomie zeigten ihnen: Palästina ist das gelobte Land. Da werden sie Gott finden. Wahrscheinlich haben sie sich etwas gewundert, dass niemand im gelobten Land zu wissen scheint, dass dies tatsächlich das gelobte Land ist. Aber sie sehen den Stern. Im Matthäusevangelium lesen wir: »Und siehe, der Stern, den sie im Morgenland gesehen hatten, ging vor ihnen her, bis er über dem Ort stand, wo das Kindlein war. Als sie den Stern sahen, wurden sie hocherfreut und gingen in das Haus und fanden das Kindlein mit Maria, seiner Mutter, und fielen nieder und beteten es an und taten ihre Schätze auf und schenkten ihm Gold, Weihrauch und Myrrhe.«

Das finde ich erstaunlich: Die drei Weisen lassen sich weder dadurch ablenken, dass niemand anscheinend erkennt, was sie erkennen. Und als sie sehen, dass der König, den sie suchen, ein Kind im Stall ist, selbst da beunruhigt es sie nicht. Sie knien nieder und geben ihm ihre kostbaren Geschenke. Ihre Erwartungen sind erfüllt. Sie sehen, dass die Verheißungen wahr geworden sind. Sie vertrauen, dass auch dieses Kind im Stall König sein kann.

Und unser kleiner Junge aus dem Sudan? Auch er kommt in ein Land, in dem die Menschen nicht wissen, dass es das gelobte Land ist. Man freut sich nicht, ihn zu sehen. Er kann zwar zur Kirche gehen, aber von Herzen froh macht ihn das nicht. Und trotzdem lässt er sich durch alles, was er sieht und erfährt an Verachtung, an Zurückweisung nicht davon abbringen, dass Gott ihn auf den richtigen Weg geführt hat. Gott erfüllt Erwartungen nicht so, wie wir das meinen. Aber Gott ist mit uns auf dem Weg. Immer wieder auf dem Weg in das gelobte Land, in dem Gott bei den Menschen selbst wohnen will. Unsere Erwartungen werden erfüllt – aber nicht so, wie wir uns das vorstellen. Wir warten auf Weihnachten voller Erwartung. Noch vier Tage.

Morgenandacht

(Elisabeth, Lukas 1, 39-42)
21. Dezember 2000

Warten mit Begeisterung

Kathy Freeman ist der Stolz der Aboriginies. Eine schwarze Australierin gewinnt die Olympische Goldmedaille, und die Menschen liegen sich begeistert in den Armen. Sie jubeln ihr zu. Selbst über tausende Kilometer hinweg ist am Fernseher etwas davon zu spüren. Wie viel Angst war da, wie viel Anspannung ist ihrem Gesicht abzulesen. Und dann dieser Sturm der Begeisterung, der auch aus ihr hervorbricht.

Begeisterung ist ein wunderschönes Gefühl. Wer begeistert ist, ist von einem guten Geist beseelt, freut sich, ist vom großen Zeh bis zum Haaransatz erfüllt von innerem Jubel. Begeisterung ist beneidenswert. Manche, die älter werden, schauen abgeklärt und doch ein wenig sehnsüchtig auf die Jungen, die sich begeistern können.

In der Bibel wird von einer Frau erzählt, die begeistert ist, weil ihre Freundin schwanger ist. Sie ist so begeistert, dass die Begeisterung sogar spürbar ist für das Kind, mit dem sie selbst schwanger ist. Oder ist das Kind tatsächlich zuerst begeistert? Das Lukasevangelium erzählt: »Und es begab sich, als Elisabeth den Gruß Marias hörte, hüpfte das Kind in ihrem Leibe. Und Elisabeth wurde vom Heiligen Geist erfüllt und rief laut und sprach: Gepriesen bist du unter den Frauen und gepriesen ist die Frucht deines Leibes!« Elisabeth ist begeistert, weil sie spürt: da ist Gott selbst am Werke. Jedes Kind ist ein Gottesgeschenk. Aber hier geht etwas besonderes vor sich. Gerade Maria, eine unbekannte Frau, ohne großen Namen, sie wird von Gott auserwählt. Sie soll eine große Rolle spielen in Gottes Geschichte mit den Menschen.

Das Leben der beiden Frauen ist eng miteinander verknüpft. Eine tiefe Frauenfreundschaft verbindet die beiden. Elisabeth kann sich mit Maria freuen, das ist etwas Großartiges. Wenn jemandem etwas gelingt, eine sich freuen kann, ist leider bei vielen ja das Gefühl Neid. Hätte ich doch auch diesen Erfolg. Ich gönne ihm das nicht. Warum gerade sie. Elisabeth ist anders. Maria vertraut sich ihr an. Lange ist sie gelaufen. Sie will sich anvertrauen. Mit jemandem sprechen über das , was ihr der Engel gesagt hat. über ihre Ängste – wie soll das werden mit dem Kind? Wie kann das gut gehen mit der Geburt? Was ist mit Josef? Elisabeth ist die richtige Person. Drei Monate bleibt Maria bei ihr. Elisabeth hört zu, gibt Ratschläge, bestärkt Maria. Und als diese zurückgeht, hören wir von ihrem Vertrauen, dass Gott am Werke ist. Sie wird die Worte über ihr Kind im Herzen bewahren.

Im Warten auf Weihnachten, auf die Ankunft Gottes bleibt über die Jahrtausende hinweg das Bild von Elisabeth, die sich von ganzem Herzen mit Maria freuen kann auf die Geburt des Kindes. So können wir warten mit Begeisterung. Noch drei Tage.

Morgenandacht

(Lukas 2, 4-6 / Matthäus 2, 13-15a)
22. Dezember 2000

Warten mit Sorge

Der Mann macht sich Sorgen. Und das zu Recht. Seine Frau ist zum dritten Mal schwanger geworden, ein »Unfall« sozusagen. Nein, geplant war das nicht. Sie sind finanziell sowieso schon knapp dran. Die Schulden für das Häuschen sind höher als gedacht, und gerade hatten sie gehofft, mit dem Kindergartenplatz für das jüngste Kind könnte seine Frau wieder anfangen halbtags zu arbeiten. Und nun wieder eine Schwangerschaft, und auch noch Zwillinge! Wie sollen sie das schaffen? Wie soll das gehen? Der Mann macht sich Sorgen.

Von einem, der sich Sorgen macht mit Blick auf die Geburt seines Kindes, ist auch im Lukasevangelium die Rede. Da heißt es: »Und jedermann ging, dass er sich schätzen ließe, ein jeder in seine Stadt. Da machte sich auf auch Josef aus Galiläa, aus der Stadt Nazareth, in das jüdische Land zur Stadt Davids, die da heißt Bethlehem, weil er aus dem Hause und Geschlecht Davids war, damit er sich schätzen ließe mit Maria, seinem vertrauten Weibe, die war schwanger.« Nicht einfach für Josef. Mit einer hochschwangeren Frau von Nazareth nach Bethlehem. Eine Volkszählung in der Zeit der Besatzungsmacht. Wie soll er der Frau helfen? Wie soll er sein Kind schützen?

Josef ist eine Gestalt, die in der Bibel nur ganz am Rande erscheint. Ich finde, das wird ihm nicht gerecht. Zuallererst: Er steht zu seiner Frau und zu seinem Kind. In einer extrem schwierigen Situation hält er zu Maria. Er lässt sie nicht sitzen, er nimmt sie zur Frau. In all dem Chaos, der Unruhe, die zur Zeit der Volkszählung geherrscht haben muss, findet er schließlich einen Stall. Eine bessere Unterkunft kann er nicht bieten. Und bei der Geburt, da muss er ja wohl dabei gewesen sein. Keine einfache Situation. Ob er sie wohl gehalten hat, getröstet, ermutigt zum Pressen? Er wird es gewesen sein, der den kleinen Kopf gehalten hat, damit er sich nicht verletzt bei der Geburt. Und so, wie die Geschichte erzählt wird, war es ja wohl Josef, der die Nabelschnur durchtrennen musste. Ein starker Mann, der für seine Familie einsteht. Und es wurde ja nicht leichter für ihn. Gleich nach der Geburt mussten sie fliehen. Herodes droht mit dem Befehl zum Mord aller Neugeborenen. Diese Gefahr wird Josef im Traum bewusst. Und er bringt Maria und das Neugeborene mitten in der Nacht nach Ägypten. Er sucht Asyl im Ausland. Josef – ein starker Mann, der mit Sorge die Situation seiner Familie sieht.

Männer, die sich um ihre Familie sorgen, sie sollten mehr geschätzt werden. Nicht nur die beruflich Erfolgreichen, die großen Börsenmakler, sondern die, die einstehen für ihre Frau, ihre Kinder auch in schwierigen Situationen. Die wirklich Väter sind für ihre Kinder, die sich wahrhaftig kümmern.

Weihnachten heißt auch, dass ich Gott meine Sorgen anvertrauen kann. Gott ist da mitten in der Welt. Gott liebt ja gerade die Kinder. Gott sucht uns mit der gleichen Hingabe, mit der gleichen Sorge, mit der Josef sich um Maria und das Kind sorgt. Eine Liebe, die in guten und in schlechten Tagen hält. Gott wird Mensch, weil diese Liebe Gott zu den Menschen treibt.

»All eure Sorgen werfet auf ihn«, heißt es in der Bibel. Auch mit unseren Sorgen können wir auf Weihnachten warten noch zwei Tage.

Morgenandacht

(Maria, Lukas 2, 38, 46 ff.)
23. Dezember 2000

Warten mit Freude

Die Frau ist eine Revolutionärin. Jung ist sie und träumt von einer völligen Veränderung der Verhältnisse. Sie singt ein Revolutionslied. Nein, nicht von Rosa Luxemburg ist die Rede, von Maria. In ihrem Lied, von dem die Bibel erzählt, heißt es: »Er stößt die Gewaltigen vom Thron und erhebt die Niedrigen. Die Hungrigen füllt er mit Gütern und lässt die Reichen leer ausgehen«. Das ist eine ganz andere Maria, als die, die wir auf den Bildern oft sehen. Da sieht sie immer etwas süßlich aus, ganz jung, naiv. Eine Mädchenmaria, das, was sich Maler und Bildhauer wahrscheinlich unter »unschuldig« vorstellen.

Die Maria, die in der Bibel singt, entspricht diesem Bild so gar nicht. Sie ist eine starke Frau. Eine Frau voller Hoffnung, voller unbändiger Freude. Eine Maria, die gesellschaftliche Veränderung herbeisehnt. Gerechtigkeit will sie. Sie kann es kaum erwarten, dass endlich etwas passiert. Und sie hat das Gefühl, ihre Schwangerschaft könnte in diese Veränderung eingebunden sein. Kein Wort von Schwangerschaftsdepression, von Rückzug, von Angst. Nein, unbändige Freude über dieses Kind.

Wenn wir jedes Kind so erwarten könnten. Die Freude über ein Kind ist ein Gefühl, das Menschen in aller Welt kennen. Vielleicht ist gerade die Weihnachtsgeschichte aus der Bibel deshalb in der ganzen Welt immer wieder dargestellt worden. Wir kennen Krippendarstellungen aus vielen Ländern, die ganz anders aussehen als bei uns. Ein kleiner schwarzer Jesus in einer afrikanischen Rundhütte mit einer richtigen afrikanischen Mama Maria und einem hochgewachsenen Jäger als Josef. Oder eine Szene aus dem Pazifik. Josef als Fischer, leicht geschürzt, Maria mit Hibiskusblüten im Haar, Jesus im Schilfbett unter einer Kokospalme. Und ebenso gibt es Darstellungen der heiligen Familie in Indien, in Bolivien und in Russland. Einheimische sind sie überall geworden.

Die biblische Geschichte, die uns Lukas erzählt, wurde zu allen Zeiten und an allen Orten verstanden. Eine Frau wird schwanger. Sie ist arm, ebenso wie der Mann an ihrer Seite. Unter demütigenden Bedingungen bekommen sie ein Kind. Mit diesem Kind kommt die Liebe zur Welt. Viele Eltern können das erleben: Da kommt ein schutzloses Wesen zur Welt, und in ihnen entsteht ein unbändiges Liebesgefühl. Wer das nicht selbst erleben durfte, kann es erahnen. Vollkommene Liebe, überschäumende Freude.

Ja, wir können warten auf Weihnachten mit dieser Vorfreude. Weil nicht irgendein Kind zur Welt kommt, sondern Gott selbst dieses Kind ist. Gottes Liebe kommt in die Welt. Ja, uns ist ein Kind geboren, ein Sohn ist uns gegeben – so hat es der Prophet formuliert. Und das Johannesevangelium kann davon sprechen, dass Licht in der Finsternis scheint. Ein Licht anzünden, das ist vielleicht das beste Symbol für Freude, für Liebe, für Zuwendung. Das ist nicht kitschig. Jeder, der Freude, Liebe und Zuwendung entbehren muss im eigenen Leben, weiß, wie lebenserhaltend sie sind. Jeder und jede von uns kann sich freuen auf Weihnachten. Wir warten voller Vorfreude. Noch einen Tag.

Adventsfeier des Landeskirchenamtes

Henriettenstift Hannover
5. Dezember 2000

Liebe Schwestern und Brüder,

es gibt Menschen, die können das eine gut und Menschen, die können das andere gut. Mit dem Basteln war das bei mir immer so eine Sache. Während andere Großartiges zustande brachten, sah es bei mir immer etwas halbfertig oder halbherzig aus. Das gilt auch für Strohsterne. Wir haben sie als Kinder vor Weihnachten jedes Jahr gebastelt. Meine hielten kaum zusammen, fielen beim Aufhängen auseinander. Meine Schwester dagegen konnte das wunderschön. Sie hat einige der Halme gebügelt, die einen heller braun, die anderen dunkler braun. Sie wurden angeschnitten, zusammen gefügt, richtige Kunstwerke sind da entstanden. Sie haben heute alle zwei Strohhalme vor sich liegen. Lassen sie uns ein bisschen über diese Strohhalme nachdenken.

Strohhalme sind nichts besonderes. Sie sind billig, ein Bild für etwas, was leicht zerstörbar ist. Der Apostel Paulus schreibt im 1. Korintherbrief, dass wir die Grundlage unseres Lebens nicht auf Heu oder Stroh bauen sollen (3, 10-15). Stroh ist zu leicht, um einen Grund zu bilden. Und Stroh zerknickt leicht.

Ich möchte Sie bitten, Ihre beiden Strohhalme irgendwo in der Mitte zu knicken. Und wenn Sie jetzt ein bisschen drehen und rütteln, dann wird der Strohhalm zerbrochen sein. Der Prophet Jesaja hat diese Tatsache, wie leicht ein geknickter Strohhalm bricht, für ein Bild benutzt. In den Versen vom Gottesknecht, die wir als Christinnen und Christen auf Jesus Christus beziehen, sagt Jesaja: »Das geknickte Rohr wird er nicht zerbrechen« (Jesaja 42, 3).

Das geknickte Rohr sind die Menschen. Auch wir stehen immer wieder da mit unserem Leben. Wir blicken am Ende eines Jahres zurück und fragen, wo warst du standfest, was hast du geleistet? Was ist gelungen, was war falsch? Wie oft sind wir oberflächlich geblieben, haben über andere gelästert, haben versagt mit unseren Ansprüchen und sind auch unserem Christ-Sein nicht gerecht geworden? Das wird nicht verurteilt. Vielmehr weiß Gott, wie die Menschen sind, er hat sie ja selbst geschaffen. Wir sind nicht perfekt. Wir machen Fehler, wir scheitern an unseren eigenen Ansprüchen, und sehr oft leiden wir einfach auch. Wir leiden an Krankheit, an Missgunst, am Streit. Das ist vor Gott nicht das Aus.

Das, was Martin Luther als »Rechtfertigung allein im Glauben« bezeichnet hat, heißt ja gerade, Gott hört uns zu. Gott wendet sich uns zu, obwohl wir Menschen mit so vielen Schwächen sind. Obwohl wir so wenig perfekt sind. Gott selbst kennt das Leiden. Das ist mir wichtig an unserem Glauben als Christinnen und Christen, dass Jesus selbst weiß, was Leiden und Sterben heißt.

Ich möchte Sie bitten, jeweils zwei Hälften zusammen zu fügen zu einem Kreuz. Sie werden sehen, es ist gar nicht so einfach. Vielleicht müssen Sie sich helfen gegenseitig, einer hält das Kreuz, die andere wickelt den Faden herum, schauen Sie mal zu. Das ist dann vielleicht etwas wie die Gemeinschaft der Heiligen.

Im Bischofsbericht letzte Woche habe ich gerade betont, dass wir einander brauchen. Christ-Sein gibt es nicht allein. Christ-Sein gibt es nur in der Gemeinschaft. Und das kann in einem Landeskirchenamt auch die Gemeinschaft der miteinander Arbeitenden sein. Auch da gibt es ja Spannungen, Auseinandersetzungen, nicht jeder kann jeden leiden. Und doch eine Gemeinschaft. Sie haben das in diesem Jahr eindrücklich gezeigt, bei der Tagung im März und bei dem Abschluss auf dem Mühlenberg im Oktober. Das fand ich eine ganz großartige Sache, und ich hoffe, dass sie so ein Gemeinschaftsgefühl, wie wir es als Kirche brauchen, auch erzeugt. Wir sind eine Gemeinschaft. Nun will ich die Gemeinde und den Arbeitsplatz nicht ständig verwechseln.

Gewiss ist das Leben in der Gemeinde am Arbeitsplatz noch etwas anderes. Aber wenn Sie sich jetzt gegenseitig das Kreuz halten, die Fäden wickeln müssen, ist das ein schönes Zeichen dafür.

Und während Sie nun wickeln, möchte ich die Gelegenheit nutzen, Ihnen auch zu danken für das Engagement beispielsweise auf der INFA. Ich fand das schon großartig, wie hier etwas von der Gemeinschaft des Landeskirchenamtes deutlich wurde, auch sichtbar über die neuen blauen Tücher und Krawatten.

Nun haben wir zwei Kreuze. Christus in der Mitte, das Kreuz als Zentrum unseres Glaubens. Der, der das geknickte Rohr nicht brechen wird, der auf die Menschen zugeht in Liebe und Zu neigung, er ist selbst am Kreuz gestorben. Für uns. Das ist ein Geheimnis, das wir immer wieder schwer erfassen können.

In vielen Krippendarstellungen werden Sie irgendwo versteckt das Kreuz sehen. Die Andeutung, dass dieses Kind, meist als lieblicher Pausbacke dargestellt, eines Tages leiden wird, das eigene Leben hingeben wird für die anderen. Ich finde es immer spannend, auf Krippendarstellungen danach zu suchen. Wir sind jetzt aber noch nicht bei Karfreitag und Ostern, nein wir sind in der Zeit des Wartens auf Gottes Ankunft. Diese Zeit des Wartens ist etwas ganz Besonderes.

Ich mag es gar nicht, wenn alle immer über die vielen Adventsfeiern stöhnen, von der Hektik und dem Stress der Adventszeit und der Weihnachtseinkäufe sprechen. Mir geht es darum, dass wir uns dieses Fest, diesen Ritus und den Rhythmus nicht nehmen lassen. Wir warten auf Gottes Ankunft, das heißt Advent. Und es heißt nicht Einkaufsstress und anderes. Wir warten auf Gottes Ankunft, wie schon andere vor uns gewartet haben.

Beispielsweise die drei Weisen aus dem Morgenland. Im Matthäusevangelium wird erzählt, dass sie zum König Herodes gingen und sagten: »Wo ist der neugeborene König der Juden, wir haben seinen Stern gesehen im Morgenland und sind gekommen, ihn anzubeten.« (Mt. 2, 1 f) Sie haben seinen Stern gesehen und ahnen noch nicht, das wird ihnen erst später bewusst, dass sie bei dem Mann gelandet sind, der so große Angst vor einem neuen König hat, einem anderen König, dass er ihn ermorden will. Wir haben seinen Stern gesehen und sind diesem Stern gefolgt. Da geht es nicht um Sternzeichen wie Zwilling, Stier oder Löwe, nicht um Sterndeuterei, sondern um eine große Hoffnung, der diese drei Männer gefolgt sind. Eine große Hoffnung, von der ihnen erzählt wurde, die ihnen bewusst wurde, und als Zeichen hat Gott ihnen einen Stern genannt.

Sie werden es ahnen, ich bitte Sie die beiden Kreuze aufeinander zu legen und zum Stern zu wickeln. Ja, auch wir haben seinen Stern gesehen. Wir können Jesus folgen auf noch ganz andere Art und Weise, als die drei Weisen es taten. Wir können uns ihm ganz und gar anvertrauen, weil er der ist, der das Kreuz kennt und dessen Leben doch über diese Zeit und Welt weit hinaus geht. Und manchmal, wenn wir den Sternenhimmel ansehen, dann gibt es ja auch so etwas wie eine Ahnung von der unglaublichen Weite Gottes, die alles übersteigt, was wir kennen und wissen. Die weit über unsere begrenzte Erde hinaus geht. Und auch über unsere Zeit.

Liebe Schwestern und Brüder, ein Kunstwerk konnte das nicht werden, was wir heute Nachmittag gemacht haben. Es sieht wahrscheinlich bei Ihnen ungefähr so aus, wie die Strohsterne, die ich selbst basteln kann. Ich finde den Strohstern aber ein wunderbares Symbol. Ein Symbol für die Zerbrechlichkeit unseres Lebens, die von Gott allein gehalten werden kann. Ein Symbol für das Kreuz, das die Mitte unseres Glaubens bildet. Und ein Symbol für die Hoffnung, die in Bethlehem vor 2000 Jahren zur Welt gekommen ist. Amen.

Weihnachtsbrief

2000

Sie stehen mitten im Leben. Eine Idealfamilie: Vater, Mutter und zwei Kinder. Seit der jüngere Sohn in der Schule ist, arbeitet die Mutter wieder halbtags. Ein kleines Haus ist gebaut, das Familienglück scheint vollkommen. Da auf einmal bricht die Katastrophe herein. Die große Schwester fühlt sich zunächst schlapp, müde. Vitamintabletten, ein bisschen Sport sollen helfen. Als die Müdigkeit bleibt, Lustlosigkeit sich steigert, geht die Mutter mit ihrer Tochter zum Arzt. Die Diagnose: Knochenkrebs. Einlieferung ins Krankenhaus noch am nächsten Tag, Operation, Chemotherapie. Das Familienglück erlebt einen Orkan. Die Mutter hat furchtbare Angst um ihr Kind, sie nimmt sofort ihren gesamten Jahresurlaub, geht mit ihrer Tochter in die Klinik, hält ihre Hand, begleitet sie. Die 10-jährige Anja erlebt Schmerzen, die Haare fallen ihr aus, sie hat Angst, wieder in die Schule zu gehen. Der kleine Nino fühlt sich vernachlässigt, allein gelassen, plötzlich ist kaum noch Zeit für ihn da. Und der Vater kann es zunächst gar nicht begreifen. Er hält sich fern, versucht, in seiner Arbeit Halt zu finden.

Eine Familie gerät in eine Lebenskrise. Das kann eine Erfahrung sein, die zerstört. Bei dieser Familie hat die Krise zu einer Veränderung geführt. Die Geschichte geht »gut aus«. Die Familienmutter gewinnt ungeheuere Kraft aus der Begegnung mit dem Leiden und Sterben auf der Kinderstation. Sie erinnert sich an ihre christliche Erziehung, an die Wurzeln des Glaubens. Hier findet sie Kraft. Ein Gespräch mit dem Pastor bringt sie auf die Idee, eine Initiative für Familien mit krebskranken Kindern zu gründen. So entsteht ein neuer Lebenskreis. Der kleine Junge wird selbstständiger, er lernt, dass er nicht andauernd bemuttert wird, sondern selbst seinen Ranzen packen muss, an die Hausaufgaben zu denken hat. Die kranke große Schwester wird selbstbewusster, reifer, seit sie den Kampf gegen den Krebs durchlitten hat. Und der Vater schafft es tatsächlich, die Arbeit an die zweite Stelle zu setzen, seine Familie im Zentrum zu sehen. Diese ganze Familie, die ich kenne, hat ihre Krise als Chance genutzt. Mitten in dem Dunkel, das sie erfahren haben, fanden sie vor allen Dingen auch an ihrem Glauben einen tiefen Halt. Sie sehen heute das Glück des Alltags. Zusammen zu sein. Gemeinsam zu frühstücken, ein Fernsehabend auf dem Sofa mit einer großen Tüte Chips.

Nicht alle Lebenskrisen nehmen so ein gutes Ende. Jeder Mensch kann im Leben an einen Punkt kommen, an dem es nicht weitergeht wie vorher. Das muss nicht eine Krankheit sein, es kann der Verlust der Arbeit sein, eine Ehekrise, der Auszug der Kinder ins Erwachsenenleben, das Altwerden. Jede Krise kann aber eine Chance sein als Punkt der Besinnung auf die wirklich wichtigen Dinge im Leben. Gerade in der Ohnmacht verlieren wir das Selbstbewusstsein der Macher, denen doch alles gelingt und sind zurückgeworfen auf die großen Lebensfragen: Woher komme ich, wohin gehe ich, was gibt mir Halt?

Für Christinnen und Christen ist die Ohnmacht nicht erschreckend. Gerade in der Ohnmacht begegnen wir Gott, weil Gott die eigene Präsenz auf unserer Erde, in unserer Welt in der Ohnmacht gezeigt hat. Dieses kleine Kind, dessen Geburt wir heute feiern, es wurde in einem klapprigen Stall geboren. Vielleicht ein Stall, wie er auf dem Bild vorne zu sehen ist. Das ist keine Geschichte mit Glanz und Luxus, sondern eine Elendsgeschichte, eine Ohnmachtsgeschichte. Aber mitten in diesem Stall leuchtet Licht, weil Gottes Liebe erkennbar wird. Gott liebt die Welt so sehr, dass er ein Kind in die Welt schickt, um diese Liebe zu zeigen. Und das Kind zeigt die Liebe Gottes, als es sich im Leben gerade denen zuwendet, die im Dunklen wohnen. Sie sehen ein großes Licht, weil Jesus sie anspricht, ihnen Lebenssinn zuspricht. Das gilt für Jesus bis zum eigenen Tod. Auch da ist Gott ohnmächtig, sterbend am Kreuz. Von Weihnachten ziehen wir einen Bogen über Karfreitag bis hin zu Ostern. Weil Gottes Geschichte eine ist, in der das Leben siegt. In der das Leben sogar den Tod überwindet. Das gibt uns Lebenskraft und Vertrauen in unseren Krisen. Wir können uns Gott anvertrauen, weil Gott von diesen Krisen etwas weiß. Wir können mit glänzenden Augen als Kinder, aber auch als Erwachsene auf diese Krippe schauen und sagen: Ja, Gottes Liebe wird verständlich und zugänglich in diesem Stall in Bethlehem. Mitten in diesem Dunkel sehen wir Licht, so wie die Hirten Licht über dem Felde gesehen haben und die drei Weisen das Licht über dem Stall. Diesem Licht können wir uns anvertrauen, über dieses Licht können wir jubeln, uns freuen. Es wird uns tragen in guten und in schweren Tagen. Im ganzen Jahr, nicht nur am Heiligen Abend.

Gesegnete Weihnachten wünscht Ihnen
Ihre

Landesbischöfin Dr. Margot Käßmann

Weihnachtspredigt

Marktkirche Hannover
24. Dezember 2000

Gnade sei mit euch und Friede von Gott und dem Herrn Jesus Christus. Amen!

Liebe Gemeinde,

da ist sie nun, die Heilige Nacht. Wie haben wir gewartet, wie uns vorbereitet! Jedes Jahr neu erwarten wir die Geburt dieses Kindes. Unsere Sehnsucht nach erfülltem Leben, nach Sinn, nach dem Geheimnis Gottes wartet Jahr für Jahr in dieser Heiligen Nacht auf Erfüllung.

Wir haben uns vorbereitet auf dieses Kommen des Gotteskindes, nichts anderes meint Advent. Ehrlich gesagt ist die Vorbereitung für mich durchaus getrübt gewesen in diesem Jahr. Weihnachten steht in der Gefahr, dem Druck der Konsumgesellschaft zum Opfer zu fallen. Da sind die viel zu früh eröffneten Weihnachtsmärkte und Schaufensterdekorationen. Manche können nur noch zynisch lächeln, wenn im August die Spekulatius-Saison eröffnet und der Weihnachtsmarkt vor Totensonntag. Oder die Firma, die in diesem Jahr ganz wunderbar eine Weihnachtsfrau namens Nikola auf den Markt gebracht hat. Nikola soll dem Wunsch nachkommen, dass der Nikolaus »einen jungen Feger« als Partnerin hat... Ich zitiere: »Angefangen bei der Form, die in den ersten Stadien noch sehr kräftig, um nicht zu sagen pummelig ausfiel und in mehreren Schritten durch eine Diät laufen musste«, setzte sich dann eine Nikola durch, die sich »bezüglich der Schönheitsideale« ... »bei der Statur an der kalifornischen Rettungsschwimmerin orientiert« durch. Zum Trost darf ich Ihnen sagen, dass dazu eben ein Niklas konstruiert wurde, der, ich zitiere: »eine sportlich, muskulöse Figur mit knackigem Hintern« darstellt und »die gewünschte Bart- und Brustbehaarung« dazu liefert.

Ach, liebe Gemeinde, da könnte ich fortfahren und lamentieren über all die Kommerzialisierung von Weihnachten etc. pp. Lassen wir das. Als Christinnen und Christen wollen wir uns am Heiligen Abend auf das konzentrieren, worum es bei Weihnachten wirklich geht unter dieser dicken Schicht von Kommerz und Kitsch. Wir haben es gehört im Lukasevangelium:

»Siehe, ich verkündige euch große Freude, die allem Volk widerfahren wird, denn euch ist heute der Heiland geboren.«

Das ist die Botschaft von Weihnachten. Es geht darum, dass uns ein Kind geboren ist. Das ist das Geschenk der Liebe, um das sich Weihnachten dreht, und das kann kein gekauftes Geschenk je aufwiegen. Uns ist ein Kind geboren zu Bethlehem. Und durch dieses Kind finden wir Gott. Lassen Sie los, was Sie bewegt, was Sie umtreibt. Es geht nicht darum, ob das Abendessen gelingt, ob die Harmonie in der Familie perfekt sein wird, ob sich alle freuen und zusammenstehen können. Es geht um dich und um mich heute Nacht. Es geht um jeden und jede, die sich heute hier in der Kirche und in Kirchen auf der ganzen Welt versammeln. Es geht um unser Leben und darum, was wir mit diesem Leben anfangen. Diesem begrenzten Leben. Der Predigttext für diesen Abend stammt aus dem Johannesevangelium. Dort heißt es im 7. Kapitel in den Versen 28 ff.:

»Da rief Jesus, der im Tempel lehrte: Ihr kennt mich und wißt, woher ich bin. Aber nicht von mir selbst aus bin ich gekommen, sondern es ist ein Wahrhaftiger, der mich gesandt hat, den ihr nicht kennt. Ich aber kenne ihn; denn ich bin von ihm, und er hat mich gesandt.«

Wer ist dieser Jesus, dieses Kind? Diese Frage treibt Menschen seit 2000 Jahren um. Schon die drei Weisen, die einen König suchten und ein Kind fanden. Auch Maria, der Großes prophezeit wurde. Josef, der mit Frau und Kind auf der Flucht war. Die Hirten, die Heil erwarteten und dieses Elend sehen mussten. Wer ist Jesus?

Zum einen, sagt Jesus im Predigttext, ist er natürlich ganz profan der Sohn der Maria, der Sohn des Josef, stammend aus Nazareth. Das haben ihm Menschen auch immer wieder vorgeworfen: Was bildest du dir ein, die Schrift auszulegen, du Zimmermannssohn! Und doch haben viele gespürt, dahinter, hinter diesen profanen Daten, ist ein ganz anderer, einer, der etwas weiß von der Liebe Gottes, der spürbar, erfahrbar, sichtbar macht, wie Gott sich Menschen zuwendet. Jesus sagt: »Ich kenne ihn, der mich gesandt hat«. Über dieses Kind lernen wir Gott kennen. Jesus bringt uns bei, ihn Vater zu nennen. Gott als Mutter zu erfahren, nah, zugänglich. Nicht der ferne Weltenlenker, sondern Gott uns nahe, zur Welt gekommen. Gott, der Menschen besucht, in Beziehung zu ihnen tritt.

Liebe Gemeinde, die Geburt Jesu schlägt einen Bogen von Gott zu Mensch. Selbst in unserer so hoch technisierten Welt spüren wir ja, dass wir nicht alles beherrschen, nicht alles erklären, nicht alles im Griff haben – Eschede – Kaprun – Concorde – BSE. Und die große Sehnsucht an diesem Weihnachtsabend, die uns erfüllt, ist eine Sehnsucht nach Sinn, nach dem Wissen von Woher und Wohin. Weihnachten macht *Hoffnung*, dass wir wissen, was unser Leben bedeutet.

Jesus sagt in dem Predigttext aus dem Johannesevangelium, dass er auch ein ganz anderer ist, weil Gott ihn selbst ansieht und ihm einen Auftrag gegeben hat. Das ist unser Weihnachtsthema. Wir leben ja alle mit Fassaden, mit Erklärungen. Natürlich wissen wir, wer wir sind. Geboren am, Tochter oder Sohn von, dies und das in der Vita. Viele Äußerlichkeiten prägen uns, und andere nehmen uns wahr über diese Äußerlichkeiten. Wenn Sie und ich uns heute Abend an diese Krippe stellen, können wir sagen, wer wir sind. Sagen, was wir denken, fühlen, empfinden – das wäre vor Gott schon eine schonungslose Offenbarung.

Dietrich Bonhoeffer hat im Gefängnis geschrieben:

Wer bin ich? Sie sagen mir oft,
ich träte aus meiner Zelle
gelassen und heiter und fest
wie ein Gutsherr aus seinem Schloß.

Wer bin ich? Sie sagen mir oft,
ich spräche mit meinen Bewachern
frei und freundlich und klar,
als hätte ich zu gebieten.

Wer bin ich? Sie sagen mir auch,
ich trüge die Tage des Unglücks
gleichmütig, lächelnd und stolz,
wie einer, der Siegen gewohnt ist.

Bin ich das wirklich, was andere von mir sagen?
Oder bin ich nur das, was ich selbst von mir weiß?
Unruhig, sehnsüchtig, krank, wie ein Vogel im Käfig,
ringend nach Lebensatem, als würgte mir einer die Kehle,
hungernd nach Farben, nach Blumen, nach Vogelstimmen,
dürstend nach guten Worten, nach menschlicher Nähe,
zitternd vor Zorn über Willkür und kleinlichste
Kränkung, umgetrieben vom Warten auf große Dinge,
ohnmächtig bangend um Freunde in endloser Ferne,
müde und leer zum Beten, zum Denken, zum Schaffen,
matt und bereit, von allem Abschied zu nehmen?

Wer bin ich? Der oder jener?
Bin ich denn heute dieser und morgen ein andrer?
Bin ich beides zugleich? Vor Menschen ein Heuchler
und vor mir selbst ein verächtlich wehleidiger
Schwächling?
Oder gleicht, was in mir noch ist, dem geschlagenen Heer,
das in Unordnung weicht vor schon gewonnenem Sieg?

Wer bin ich? Einsames Fragen treibt mit mir Spott.
Wer ich auch bin, Du kennst mich, Dein bin ich, o Gott!

Liebe Gemeinde, Weihnachten macht *Mut*, uns offen und schonungslos anzuschauen. Wer bin ich? Woher komme ich? Was sind meine Wurzeln? Wo liegen meine Stärken, wo habe ich festen Boden unter den Füßen? Heute Nacht kann ich das Wagnis eingehen, mich zu fragen, wo ich stehe. Ist mein Leben eines, das im Einklang steht mit dem, was ich denke, was ich fühle? Wohin will ich gehen in der Zeit, die mir bleibt?

Weihnachten ist auch eine Zeit des Trostes! Wir können vor Gott nämlich auch sagen: Das ist mir nicht gelungen. Da habe ich große Fragen. Ich weiß nicht, wohin ich gehe. Anderen bin ich wieder nicht gerecht geworden. Ja, gegenüber meinen eigenen Ansprüchen habe ich versagt. Das soll neu werden. Ich bin einsam. Hilf mir, ich habe Angst. Wenn wir Weihnachten von allem Kitsch entrümpeln könnten, wenn wir Weihnachten frei machen könnten von all den Verpackungen und Schleifen, unter denen es steckt, dann könnte es für uns eine *Befreiung* sein. Freiheit bedeutet: frei von allen Fassaden dieser Welt, weil wir uns Gott anvertrauen können.

Weihnachten ist schließlich eine Friedensbotschaft. »Friede sei mit euch« das ist die Visitenkarte Jesu von Anbeginn an in seinem Leben. Diesen Frieden vermitteln die Engel, die ihn ankündigen, und diesen vermittelt ganz zum Ende der Evangelien auch der Auferstandene: »Friede sei mit euch«. Das heißt für mich, dass ich einen Einklang finden kann zwischen meiner äußeren Fassade und dem, was ich bin, wer ich wirklich bin. Friede sei mit euch heißt, dass ich mit meinen Kindern und Eltern, mit meinen Freundinnen und Freunden, mit Bekannten offen sein kann, über Fehler und Schwächen sprechen kann und mich auch öffnen kann dafür, dass ich vielleicht die Trösterin oder der Tröster bin, der starke Arm, den manche brauchen.

»Friede sei mit euch«, das gilt auch für unser Land. Ich wünsche mir, dass Menschen in unserem Land erkennen, dass es Heimat werden kann für Schwarze und Weiße, für Schwache und Starke, dass eine Solidargemeinschaft neu entsteht, die ein gesellschaftliches Gewebe miteinander erzeugt, das Kraft ausströmt und Halt für viele. Für die Familien, die keine Lobby haben. Für die Kinder, die Angst vor Weihnachten kennen, weil es Krach gibt und Schläge. Ich denke an die jungen Männer in den Justizvollzugsanstalten, die allein sind und Orientierung brauchen. Ich denke an die Mütter, die sich aufopfern und doch keinen Ausweg sehen, von denen jede vierte als Alleinerziehende auf Sozialhilfe angewiesen ist. Ich denke an die Alten, die sich einsam und abgeschoben fühlen. An die, die allein leben und nicht dem Image des coolen Singles entsprechen.

Und es geht um Frieden auf dem ganzen bewohnten Erdkreis. Wir verknüpfen uns heute in der Sehnsucht nach Heil und Frieden mit denen, die hungern auf dieser Welt. Denen, die Opfer von Gewalt und Krieg und Ungerechtigkeit sind. Uns allen ist heute der Heiland geboren. Deshalb wenden wir uns von anderen nicht ab und denken nur über uns selbst nach. Deshalb wenden wir uns anderen zu: wir sind gemeinsam Gottes Kinder, das lernen wir von Gottes Kind.

Den aufrechten Gang lehrt die Geschichte von Weihnachten. Den Hirten, den Gelehrten aus dem Ausland, der schwangeren Frau, dem verunsicherten Mann, ihnen wird damals wie heute gesagt: Du bist gemeint! Du bist von Gott gewollt.

Weihnachten eine Geschichte von Liebe und Hoffnung, von Trost und Befreiung, von Frieden und aufrechtem Gang. So gehen Sie in diese Heilige Nacht und nehmen Sie etwas mit von dem Jubel der Engel, von dem Jubel der Hirten. Das kann uns erfüllen, und das kann uns tragen. Gott kommt in die Welt. Gott sieht dich und Gott sieht mich. Gott will aus unserem Leben Gutes machen und uns Frieden zusagen als Einzelne, als Land, als Welt. Was kann Besseres für diese Welt geschehen, als dass Gott zur Welt kommt und uns sagt: »Friede sei mit euch«.
Amen.

Ansprache beim Epiphanias-Empfang

Loccum
6. Januar 2001

Meine sehr geehrten Damen und Herren,

auf zwei Themen will ich heute eingehen, auf ein geistliches und ein gesellschaftspolitisches mit theologischer Dimension.

Zunächst zum geistlichen, der Jahreslosung. Die Losung für das Jahr 2001 steht im Kolosserbrief. Dort heißt es im 2. Kapitel, Vers 3:

In Christus liegen verborgen alle Schätze der Weisheit und der Erkenntnis.

Ein großer Anspruch! Alle Schätze der Weisheit und der Erkenntnis. Das ist besonders in unserer Zeit eine Provokation, die ja einerseits meint, alle Weisheit und alle Erkenntnis in Wissenschaft und Technologie zu finden, und gleichzeitig vom Gesetz der Gleichwertigkeit der verschiedensten Überzeugungen bestimmt ist. Und in der Kirche werden in Deutschland Weisheit und Erkenntnis meist schon gar nicht vermutet.

Wer den »Spiegel«, Ausgabe 25.12.2000, gekauft hat, konnte erstaunlicherweise nicht wie sonst alljährlich vom Niedergang des Christentums, sondern von der »Rückkehr des Glaubens« lesen. Allerdings wurde gleich im nächsten Artikel ausgeführt, für die Erklärung des Universums sei Gott ganz und gar unnötig. Und schließlich wurde in einem dritten Artikel erläutert, dass esoterische Angebote gerade bei den gesellschaftlich Erfolgreichen der Renner sind: Schwitzhütten, Hexenkulte, Reiki. Das Fazit des »Spiegels«: »So viel Zauber kann die Kirche kaum bieten«. Mein Fazit: solchen Zauber will und sollte die Kirche auch nicht bieten.

In Christus liegen verborgen alle Schätze der Weisheit und der Erkenntnis: Setzen sich Christinnen und Christen mit dieser Jahreslosung nicht Scheuklappen auf? Oder ist dieser Vers vielleicht sogar eine Anmaßung? In der Tat fällt es vielen Kirchenmitgliedern heute schwer, so überzeugend und deutlich von ihrem Glauben zu sprechen. Zu sagen: In Christus finde ich den Grund meines Lebens – wer so spricht, wird schnell in die Ecke des Fundamentalismus gestellt oder der Intoleranz. Schon gar vom »Spiegel«, der geistlichen Extremismus als Schreckgespenst für die Zukunft der Menschheit genüsslich ausmalt. Weder einen »Krieg der Kulturen«, noch »fade Gleichgültigkeit« kann die Kirche, kann ein Christ oder eine Christin wollen. Und doch ist es für jemanden, der an Christus glaubt, so, dass Christus allein der Zugang zu Gott und der Schlüssel zum Weltverständnis ist. Für Glaubende ist Jesus Christus im Zeugnis der Bibel, in Kreuz und Auferstehung der Weg, die Wahrheit und das Leben. Der Gott der Juden ist kein anderer Gott als der Gott der Christen. Aber für die Menschen aus den anderen Völkern als dem Volk Israel gibt es keinen anderen Zugang zu Gott als Jesus Christus. Mir ist sehr wichtig, dass im vergangenen November die EKD-Synode in Braunschweig noch einmal wie schon vor 50 Jahren in Weißensee betont hat: Die bleibende Erwählung des Volkes Israel stellen wir nicht in Frage. Darüber hinaus wurde erklärt, dass die Kirche schuldig geworden ist durch Entfremdung und Feindschaft gegenüber den Juden, die sie hineinverflochten hat in die systematische Vernichtung des europäischen Judentums[1].

In Christus verborgen alle Schätze der Weisheit und der Erkenntnis. Alle! Keine Weisheit außerhalb. Keine Erkenntnis durch andere. Diese Losung impliziert eine kritische Haltung gegenüber anderen Weisheiten und Erkenntnissen, zumal wenn sie allgemeine Gültigkeit beanspruchen. Kritik und Gestaltung – das sind stets Kennzeichen des Protestantismus gewesen. Kritik als die Kunst des Unterscheidens, Gestaltung als der Mut und die Freiheit zum Handeln.

---

1 Vgl. Kundgebung zu Christen und Juden, EKD Synode Braunschweig 2000

Für mich ist die Losung zunächst eine Ermutigung zur Klarheit. Ich muss wissen, was ich glaube, wo ich stehe, wo die Quelle meiner Lebenskraft ist. Nur wer sagen kann, was er und sie selbst glaubt, erweist sich als dialogfähig mit anderen. Nichts ist schwieriger im religiösen Dialog, nichts ist schwieriger auch mit Blick auf Vorbilder, als Menschen, die wankelmütig sind und nicht klar. Zudem hat die Losung eine zeitkritische Komponente. In jeder Epoche haben Menschen geglaubt, den Stein der Weisen gefunden zu haben: endlich so viel mehr Erkenntnis, alle Weisheit! Und immer wieder wurde deutlich: Die großen Geschichten der Menschheit spielen sich stets gleich ab. Die Bibel hat dafür überzeugende Erzählungen: Adam und Eva, Kain und Abel, Josef und seine Brüder, Abraham und Sara, Jakob mit Lea und Rahel. Da geht es um die großen Gefühle, um Liebe und Glück, um Gewalt und Mord. Um die Sehnsucht nach Macht und der Krieg, der aus ihr folgt. Um Liebe und um Kinderwünsche. Das ist ja auch beruhigend, in dieser Beziehung hat die Menschheit sich nicht geändert, auch nicht im technologischen Zeitalter. Das kann jeder und jede täglich erfahren.

Die angepriesenen großen Erkenntnisse, sie haben in manche Sackgasse und manche Enttäuschung geführt. Denken wir allein an das vergangene Jahr. Einerseits gaukeln uns Gentechnologen vor, »die Sprache Gottes entschlüsselt« zu haben. Die Forschung befindet sich angeblich auf dem Weg zu unglaublichen Erkenntnissen. In der »schönen neuen Welt«, schwärmt der amerikanische Zukunftsforscher Michio Kaku, werden wir niemals mehr allein sein: »In Zukunft gehen sie einfach zur Wand in Ihrer Wohnung und sagen: Spieglein, Spieglein an der Wand, wer ist verfügbar in diesem Land. Und der Spiegel wird intelligent sein. Und er wird all die anderen, die ebenfalls alleine sind an dem Freitagabend und sich betrinken, einblenden«.[2] – Na, sind das nicht hervorragende Aussichten? Gleichzeitig reißen vermeintlich sichere Symbole des technischen Fortschritts wie die Concorde oder die Seilbahn von Kaprun Hunderte Menschen in den Tod.

2 Michio Kaku, Wenn die Toilette den Hausarzt ersetzt, FR 30.12.00, S. 8.

Die BSE-Krise, das Feuer in Volendamm – Zeichen der Verletzbarkeit des Menschen, der Begrenztheit menschlichen Wissens und Tuns. Eine Warnung vor Überheblichkeit und eine Mahnung zur Demut folgt daraus! Der Mensch wird das Leben und vor allen Dingen den Tod nie beherrschen.

In Christus Weisheit finden heißt, ein kritisches Potential bewahren gegenüber ungebremstem Fortschrittsglauben. Die Kirche hat sich dabei manches Mal Fortschrittsfeindlichkeit als Vorwurf eingehandelt. Aber dieses Risiko muss sie eingehen, gerade wenn sie heute einmütig vor therapeutischem Klonen und Präimplantationsdiagnostik warnt. Grundlage hierfür ist ein realistisches Menschenbild, das davon weiß, dass Menschen viel leisten können, Erfolge haben, aber eben auch versagen und sich immer wieder selbst überschätzen und zudem allzu leicht in Versuchung zu führen sind. Das ist wirklich Weisheit, die anderen liebevoll wahrnehmen, mit ihren Stärken und ihren Schwächen. Das ist Erkenntnis, annehmen, dass unser Wissen Stückwerk ist. Nehmen wir allein die Schöpfungsgeschichte. Noch vor Jahren wurde über jeden Versuch, Urknall und erstes Buch Mose irgendwie in eine Beziehung zu setzen, gespöttelt. Heute wird die Erkenntnis vom Geheimnis des Universums bei den Physikern akzeptiert. Wissen und Erkennen ist in der Tat Stückwerk, interessanterweise ist das im Zeitalter des High-Tech nur umso bewusster.

Eine gute Jahreslosung, eine, die anstößig ist und nachdenklich macht. Eine nicht der Arroganz, sondern der Grundlegung, die dann die Fähigkeit einer offenen Weltbegegnung ermöglicht.

Von dort möchte ich deshalb zu einer anderen Frage kommen:

Wie können wir heute eine Bildung ermöglichen, die ethische Maßstäbe legt?

Zu Beginn des neuen Jahrtausends ist viel die Rede davon, dass wir Orientierung benötigen, Werte, ein gemeinsames Gewebe. Das Leben der Menschen scheint sich nicht nur zu individualisieren, was an sich noch nichts Schlechtes ist, sondern unter Individuation zu leiden. Kann Bildung da Abhilfe schaffen, neue Wertmaßstäbe setzen?

Die Frage, ob Bildung Werte vermitteln kann, ist schon bei Aristoteles und Protagoras gegensätzlich beantwortet. Dies gilt bis heute. Während beispielsweise Alfred Treml erklärt, in unserer Zeit könne Bildung lediglich die Werte und Normen, die sich individualisiert haben, freigeben und »Spielregeln des Miteinanderumgehens« einüben[3], behauptet Hartmut von Hentig: »Die Antwort auf unsere behauptete oder tatsächliche Orientierungslosigkeit ist Bildung«.[4] Ich möchte von Hentigs These stützen. Dabei bewegt mich die Hoffnung, die sich aus dem christlichen Glauben, dem bereits genannten christlichen Menschenbild speist. Jeder Bildungstheorie liegt ja ein Menschenbild zugrunde.

Das christliche Menschenbild geht aus von der Gottebenbildlichkeit, die jedem Menschen eine unverlierbare Würde zuspricht. Gleichzeitig rechnet es wie gesagt mit der Fehlbarkeit des Menschen, aber auch mit seiner Veränderbarkeit. Das gibt einen sehr realistischen Ausgangspunkt. Zum einen weiß christliche Anthropologie, dass es keinen idealen, unfehlbaren Menschen gibt, wie viel Bildung er sich auch immer aneignet. Leistung, auch im Bereich der Bildung, macht den Menschen vor Gott nicht aus. Die Gottebenbildlichkeit wird stets eine Motivation sein, die grundsätzliche Lebenszusage Gottes zu hören und sich von ihr beanspruchen zu lassen. Freiheit und Verantwortung sind nicht umsonst zentrale Begriffe evangelischer Ethik.

Als Antwort auf die Individuation, die Vereinsamung, die elektronischen Einsiedler, als Antwort auf Beschleunigung und Orientierungslosigkeit, als Antwort auf Rassismus und Rechtsextremismus benötigen wir meines Erachtens dringend eine umfassende Bildungsinitiative zur christlichen Wertevermittlung. Eine, die sich nicht allein auf schulisches

---

3 Vgl. Alfred K. Treml, Ist Werteerziehung möglich? Loccumer Protokolle 13/96, S. 139 ff.; S. 151.

4 Hartmut von Hentig, Bildung, München 1996, S. 15.

Lernwissen bezieht, sondern den ganzen Menschen und die ganze Welt in Betracht zieht. Bildung ist ein weitgreifendes Geschehen! Wir brauchen starke Persönlichkeiten, Menschen mit Rückgrat und Zivilcourage für die Gestaltung der Zukunft. »Menschen ohne Rückgrat haben wir schon zu viel« (Bettina Wegener).

Dietrich Bonhoeffer hat im Entwurf zum Bildungsteil seiner Ethik geschrieben: »...es ist ungebildet, etwas zu verspotten, nur weil es anders ist als man (selbst)...«.[5] Darum geht es eben bei Bildung: den Blick auf das Ganze wagen, über meinen begrenzten Horizont hinausdenken. Wer nationalistischen Zielen verfällt und andere aufgrund ihrer Herkunft, ihres Aussehens, ihrer Behinderungen, ihrer Hautfarbe beschimpft, ausgrenzt, bedroht, ist letzten Endes ungebildet. Er oder sie ist nicht in der Lage, ein Verhältnis zur Welt zu gewinnen, sondern angstbesetzt und unfrei.

Können wir Menschen heute Bildung vermitteln, die Freiheit, Menschenwürde, Toleranz und zugleich Grundüberzeugungen beinhaltet? Ich bin überzeugt, wir können und müssen. Um unserer Gesellschaft willen, um Kirchen und Welt willen ist es notwendig, Ordnungen zu verabreden, die Gemeinschaft tragen. Sie werden sich nicht wundern, wenn ich denke, dass die christlichen Lebensgrundlagen auch allgemeine Gültigkeit haben. Die zehn Gebote, vor allem das von Jesus als das höchste Gebot genannte »Gott über alle Dinge lieben und den Nächsten wie dich selbst«, aber auch die Seligpreisungen bieten Maßstäbe für solche Ordnungen. Und auch den Blick auf das Weltganze kann das Christentum öffnen, weil die Kirche in der ganzen Welt existiert. Weil es für einen Christen, eine Christin eben keine biblische oder theologische Legitimation für Gewalt, Krieg, die Herabsetzung anderer gibt. Christliche Bildung wird stets persönliche Orientierung im Glauben, aber ebenso Vermittlung der Inhalte und Traditionen des Glaubens zum Gegenstand haben. In der Tat bin ich überzeugt, dass es Bildung ohne Glauben nicht gibt.

---

5 Dietrich Bonhoeffer, Ethik, München 1981[9], S. 199.

Die Möglichkeit der Kommunikation über die Sinnfrage, die Frage nach dem Grundvertrauen als Voraussetzung für die Persönlichkeitsentwicklung, die Frage nach Regeln menschlichen Zusammenlebens und die Erkenntnis über Grenzen des Unverfügbaren wären ansonsten defizitär.[6]

Bildung ist der Weg aus der Orientierungslosigkeit. Bildung in Elternhaus, Schule, Gemeinde, Institutionen. Bildung, die Grenzen vermittelt und Werte. Bildung, die einen lebenslangen Prozess des Lernens darstellt. Ich hoffe, dass wir als Staat und Kirche mit vielen anderen gemeinsam an einem Prozess humanitärer Bildung arbeiten in diesem neuen Jahr und darüber hinaus. Bitter nötig hat ihn unsere Zeit und unser Land. In diesem Jahr will ich selbst deshalb das Thema Bildung in den Mittelpunkt stellen. Mir geht es dabei beispielsweise um

- Familien. Wir müssen Eltern Erziehungsbeistand leisten, sie zur Erziehung ermutigen, aber die Erziehungsaufgabe auch einfordern. Das gilt auch für die religiöse Erziehung, vor der viele Eltern heute zurückscheuen. Kinder und Jugendliche eignen sich Glauben und Rituale im Elternhaus an. Sie lernen Vertrauen zuallererst in der Familie. Sie brauchen Liebe und Grenzen zugleich. Solche Ermutigung beginnt mit dem Mut zum Kind, den unsere Landeskirche mit der Initiative »Mirjam – Netzwerk für das Leben« umfassend fördert.
- Die Schule braucht die Ermutigung und den Beistand der Gesellschaft. Sie kann nicht alle Probleme lösen. Und Lehrerinnen und Lehrer haben mehr verdient als schnöde Witze über kurze Arbeitszeiten. Wird in der Schule für das Leben gelernt? Geht es zunächst um das Annehmen des Schülers, der Schülerin als Person oder ist der Lehrplan die höchste Instanz? Wie ist das Verhältnis von Wissensvermittlung und sozialem Lernen zu bestimmen? Es geht nicht nur um den Zugang zu Laptops und Internet, sondern um das Erlernen von Kompetenzen wie Mitmensch-

6 Vgl. Wilfried Härle, Religion als Horizont und Element der Bildung, in: Bildung, Welt, Verantwortung. Festschrift 50 Jahre Ev. Studienwerk Villigst, Hg. v. M. Faßler u.a., Gießen, S. 59 ff.

lichkeit, Toleranz und Nächstenliebe. Kommunikation ist kein virtuelles Geschehen, sondern muss von Mensch zu Mensch erlernt werden.

- Ein zentraler Aspekt für Kirche und Staat ist dabei der Religionsunterricht, der durch die Begegnung mit gelebter Überzeugung Schülerinnen und Schülern ermöglicht, eigene Grundüberzeugungen zu finden. Den christlichen Religionsunterricht an staatlichen Schulen halte ich für unverzichtbar und freue mich darüber, dass eine jüngst in unserer Landeskirche veröffentlichte Studie belegt, wie hoch das Engagement der Lehrkräfte in diesem Fach ist.
- Selbstverständlich wird in den Gemeinden der kirchliche Bildungsauftrag wahrgenommen. In Verkündigung und Seelsorge, Konfirmandenunterricht und Gruppenarbeit, Gottesdienst und Sakramenten wird die Bezeugung und Weitergabe des Glaubens praktiziert.
- Von besonderem Gewicht ist die Wahrnahme des kirchlichen Bildungsauftrages in Familienbildungsstätten, Erwachsenenbildung, Akademien.
- Die Medien sind ein nicht zu unterschätzender Faktor. Wenn sich schon der VIVA-Moderator Mola Adebisi für mehr Religion und Moral ausspricht und erklärt, »man müsse ... Jugendliche wieder zum aktiven Umgang mit ihrem religiösen Wissen und ihrem Glauben ... bewegen«,[7] dann ist es für die Kirchen allemal Zeit, Medien nicht nur zu verteufeln, sondern offensiv zu nutzen zur Vermittlung ihrer Werte.
- Der Blick muss auch gelenkt werden auf die universitäre Bildung. Der Mangel an interdisziplinärem Austausch, die Fachfixierung von Bildung ist für die ethische Kompetenz wenig hilfreich. Dass die Freie Universität Amsterdam zum 1.1.2001 eine »Professur für Menschenliebe« eingerichtet hat, finde ich in diesem Zusammenhang ein spannendes Phänomen.
- Schließlich ist Bildung eine gesamtgesellschaftliche Aufgabe und Aufgabe jedes Einzelnen zugleich. Bildung braucht

7 idea Nr. 2/2001, 4.1.01, S. A

Vorbilder, und die Entwicklung ethischer Kompetenz kann nicht delegiert werden. Das erfordert eine Klärung der gemeinsamen Grundlagen und Wertmaßstäbe. Auch in der pluralistischen Gesellschaft muss es Grundüberzeugungen geben wie: Menschenwürde jedes Menschen, unabhängig von seiner Leistungsfähigkeit, Toleranz, Solidarität, Rücksicht der Starken auf die Schwachen, Teilen. Wenn solche Werte in einer Gesellschaft fest verankert sind und im Alltag auch praktiziert werden, dann wird es neu möglich sein, von den normativen Imperativen zu Gewohnheitswissen bzw. Intuition zu gelangen. Die feste Verankerung nicht nur in der Bildungstheorie, sondern im praktizierten Alltagsleben unserer Gesellschaft ist hierfür eine entscheidende Voraussetzung.

Meine Damen und Herren, es gibt den schönen, wenn auch nicht ganz zutreffenden Spruch: die 10 Gebote enthalten 279 Wörter, die amerikanische Unabhängigkeitserklärung 300 und die Verordnung der europäischen Gemeinschaft über den Import von Karamelbonbons 25911. Sie sehen, wenn es länger wird, wird es nicht unbedingt besser. Ich danke ihnen für Ihr Kommen, Ihre Aufmerksamkeit und wünsche Ihnen allen ein gesegnetes Jahr 2001.

Weihnachtskreis
2001 — 2002

Morgenandacht

Kain und Abel (Gen 4)
5. November 2001

Gewalt unter Kindern

Zwei junge Männer, Brüder sind sie. Aufgewachsen im gleichen Haus, unterschiedliche Berufe haben sie gelernt. Da schlagen Neid und Eifersucht zu: der eine ermordet den anderen. Eine typische Geschichte von Jugendgewalt heute? Nein, eine Geschichte, so alt wie die Menschheit. Im ersten Buch Moses wird von Kain und Abel erzählt. Sie, die Söhne Adams und Evas, ringen um Anerkennung Gottes und wohl auch der Eltern. Der eine hat das Gefühl, dass der andere mehr geliebt wird. Und wie das so ist bei den Menschen: aus Eifersucht wird Neid, aus Neid wird Hass, aus Hass wird Mord.

Groß ist auch heute wieder die Klage über die gewalttätige Jugend. Immer wieder sind die Zeitungen voll von Berichten, beispielsweise über Gewalt an Schulen. »Früher war alles besser«, lese ich da oft. Vor einiger Zeit hat die Boulevardpresse eine Kampagne lanciert, nach der unseren Kindern wieder Werte wie Respekt, Ehrlichkeit, Verlässlichkeit beizubringen seien. Dazu sei vor allem Strenge von Nöten. Das klingt auf den ersten Blick plausibel und hat manche schnelle und laute Zustimmung erzeugt. Mir aber erscheinen solche Schlussfolgerungen zu einfach. Jene so genannten Grundwerte stehen doch allenfalls an zweiter Stelle. Sie wurden ja beispielsweise auch in der Zeit des Nationalsozialismus hochgehalten. Hat das zu starken klaren Menschen geführt, Menschen mit Zivilcourage heranwachsen lassen? Wurden da nicht auch Untertanen erzogen, die dem von Heinrich Mann beschriebenen Prototyp zum Verwechseln ähnelten?

Eine amerikanische Studie aus den 80er Jahren des 20. Jahrhunderts, die sogenannte Oliner-Studie, führt dagegen zu folgendem Ergebnis: Kinder, die nicht unhinterfragbaren Gehorsam, sondern gewaltfreie Auseinandersetzung gelernt haben, Kinder, die erlebt haben, dass ihre Eltern partnerschaftlich miteinander umgehen – solche Kinder wurden zu »Judenrettern« in der Zeit des Nationalsozialismus. Das muss doch zu denken geben. Der bekannte Pädagoge Hartmut von Hentig kommentiert: »Das Gerede von der notwendigen Strenge ist schlicht dumm. Man kann die gewünschten Verhaltensweisen weder befehlen noch erzwingen. Werte muss man durch Lebensformen beglaubigen. Ich dachte, das hätten alle auf allen Seiten gelernt.[1]« Ja, um Vorbilder geht es! Das steht an erster Stelle.

Wenn nun schon die Bibel die Neigung des Menschen zur Gewalt kennt, lässt sich die Gewaltspirale überhaupt durchbrechen? Gibt es eine Erziehung, die gewaltfreie Konfliktlösung lehrt? Ich bin überzeugt, dass wir unseren Kindern Wege zeigen können, wie sie mit ihrem eigenen Gewaltpotential umgehen können. Was kann ich tun, wenn ich so wütend bin, dass ich zuschlagen möchte? Wie stehe ich einen Konflikt durch?

Stattdessen geben 80 % der Kinder in Deutschland in Umfragen an, von ihren Eltern geohrfeigt worden zu sein, 1,3 Millionen von ihnen werden regelmäßig körperlich misshandelt. Wir wissen heute zuverlässig, dass Kinder, die in ihrer Erziehung Gewalt erfahren, zu Gewalt im Erwachsenenleben neigen. Kinder dagegen, die gewaltfreie Konfliktlösung gelernt haben, haben Zivilcourage. Die Förderung von Vertrauen und Verantwortung sowie Konfliktfähigkeit in der Erziehung stärken die moralische Urteilsfähigkeit von Kindern.

An der Geschichte von Kain und Abel ist mir eines besonders wichtig: Kain muss mit seiner Schuld leben. Gott rächt nicht einfach Leben gegen Leben, sondern schützt ihn sogar.

1 Mut zur Erziehung: Ein gutes Schlagwort in falschen Händen, FR 12.7.01, S. 6.

Im ersten Buch Mose ist zu lesen:

»Darauf machte der Herr Kain ein Zeichen,
damit keiner ihn erschlage, der ihn finde.« (4, 15 b)

Das heißt für mich: Rache ist kein Weg. Nicht die Antwort mit neuer Gewalt führt zu einem Neuanfang, sondern ein Bekennen der eigenen Schuld.

Morgenandacht

Isaak und Ismael (Gen 21)
6. November 2001

Zerbrochene Familien

Ein Mann und eine Frau. Sie sind ein Paar und warten sehnsüchtig auf ein Kind. Als der Nachwuchs ausbleibt, fängt der Mann ein Verhältnis an. Wie das Leben so spielt, jene Frau wird schwanger, ein Sohn wird geboren. Der Mann besteht darauf, dass die Frau mit dem Kind bei ihm lebt. Die Ehefrau hat schwer daran zu tragen. Und dann, ja dann wird sie selbst schwanger, und auch sie bekommt einen Sohn. Übermächtig ist das Glück und groß der Triumph. Jetzt endlich hat sie die Kraft zu verlangen, dass die Geliebte samt Kind fortgeht, ja rausgeschmissen wird. Ihrem Mann fällt das schwer. Der andere ist ja auch sein Sohn...

Sittenverfall im 21. Jahrhundert? Nein, schon die Bibel kennt Patchwork-Familien. Die erzählte Geschichte ist die von Abraham, Sara, ihrem Sohn Isaak sowie der ägyptischen Magd Hagar und ihrem Sohn Ismael. Tröstlich ist, bei allem Versagen der Menschen, aller Eifersucht: Gott bewahrt das vertriebene Kind vor allem Übel. Es heißt im ersten Buch Mose: »Gott war mit dem Knaben« (Gen 21, 20). Ja, Gott steht Kindern bei, gerade wo Beziehungen zerbrechen, der Boden zu wanken scheint. Mit der Taufe drücken wir das aus: Gott wird zu diesem Kind stehen in guten und in schlechten Tagen. Bevor das Kind irgendetwas leisten kann, steht schon Gottes Ja zu ihm.

Bei einer Trauung, zu der ich eingeladen wurde, war die Tochter des Bräutigams, die einer flüchtigen Beziehung entstammt, anwesend und hat Blumen gestreut. Der Vater zahlt nicht nur Unterhalt, sondern kümmert sich um sie, der Kontakt wird gepflegt, er ist ihr Papa, ganz klar. Die geschiedene Frau seines Bruders war mit den beiden Kindern ebenfalls da, um die Familienbande zu stärken. Es kostet sicher viel emotionale Kraft und großen Willen, Familie auch über Trennungen und Verletzungen hinweg zu gestalten. Aber es ist eine verantwortliche Weise, den Kindern zuliebe mit den Brüchen und Verirrungen der Erwachsenenwelt so umzugehen, dass sie Zuverlässigkeit und Vertrauen kennen lernen.

Hohe Scheidungsraten, Patchwork-Familien, immer mehr Alleinerziehende – ist die Familie am Ende? Nein, ich bin überzeugt, die Familie wird bleiben. Sie ist ein Ort der Sehnsucht wie auch die Heimat, von der Ernst Bloch in seinem Buch »Prinzip Hoffnung« schreibt, sie sei ein Ort, an dem noch nie jemand gewesen sei. Die Familie wird auch weiterhin ein Ort des Zorns bleiben und der Wut aufgrund von Enttäuschungen, Einengung und verlorener Zeit. Aber Familien werden immer neu gegründet werden als Ort der Hoffnung und Hort der Liebe, als bleibende Chance für eine behütete Weitergabe des Lebens.

Allerdings werden Familien nicht mehr nur in vertrauten Formen existieren. So hervorragend bleibende und verlässliche Strukturen sind, die es zu stärken gilt, so sehr müssen wir doch mit unterschiedlichen Familienkonstellationen, mit Patchwork-Familien rechnen. Gerade in ihnen geht es dann darum, vor allem für die Kinder neue und verlässliche Strukturen zu finden. Und selbst wo das misslingt, dürfen Kinder wissen: Gott steht mir zur Seite, zumindest Gott kann ich mich anvertrauen. Es ist ein Jammer, dass vielen Kinder in Deutschland diese Nachricht heute offensichtlich vorenthalten wird.

Morgenandacht

Jakob und Esau (Gen 25-33)
7. November 2001

Zwillinge als Herausforderung

Schon die Bibel kennt die Mühen mit Zwillingen. Da sind zwei, die bereits vor der Geburt so heftig miteinander kämpfen, dass ihre Mutter fast verzweifelt. Und dann: lang ersehnt von den Eltern wachsen sie unter geborgenen Umständen auf. Aber, wie das so ist: Die Eltern haben je einen Favoriten. Es heißt:

> *»Und Isaak hatte Esau lieb und aß gern von seinem Wildbret; Rebekka aber hatte Jakob lieb.«* (Gen 25, 28)

Ja, da ist sie wieder, die Geschwisterliebe einerseits und die Elternliebe andererseits. Jakob und Esau werden sich entsetzlich entzweien, der eine wird den anderen um sein Erbe betrügen. Von wegen Geschwisterliebe!

Zwillinge sind etwas besonderes. Wie viele Menschen haben Spaß daran, zwei gleiche rosa Strampelanzüge, zwei gleiche T-Shirts zu schenken! Und wie viele Zwillingspärchen sind zu sehen, die täglich gleich angezogen zur Schule gehen. Wer sucht da eigentlich morgens die Kleidung aus? Was, wenn der eine nicht die blaue Hose anziehen will, sondern die grüne? So niedlich und natürlich auch auffallend das aussieht, wenn Zwillinge das Gleiche tragen – sie werden dadurch selten einzeln wahrgenommen. In einem Laden für Kinderkleidung habe ich erlebt, wie die Auswahl für zwei Jungen einfach auf das beschränkt wurde, was in ihrer Größe zweimal vorhanden war. Offensichtlich lag der Mutter daran wesentlich mehr als ihnen… Wollte sie auffallen, indem ihre Kinder auffallen?

Dabei verkündet jeder Ratgeber: Trennen! Unterscheiden! Eigenständigkeit und Individualität fördern!!! Und so gibt es auch das andere Extrem, bei dem Eltern pädagogisch korrekt Zwillinge in allem trennen: getrennte Zimmer, getrennte Kleidung, getrennte Klassen bis hin zur getrennten Geburtstagsfeier. Wie so oft in der Erziehung gilt wohl: ein ausgewogenes Maß ist das rechte Maß. Individualität fördern ist das eine, die Natur, die Zwillinge so eng verbindet, ist das andere und hat wohl auch ihr Recht. Trotz getrennter Zimmer sind unsere Zwillinge oft zur anderen ins Bett gekrochen, als sie klein waren. Sie hatten gleichzeitig die Windpocken, die erste Zahnspange, das erste Heimweh. Und sie tauschen bis heute gern ihre Kleidung, ziehen aber nie das Gleiche an.

Intuition ist wichtig und Liebe, der Versuch, jedes Kind zu nehmen, wie es ist. In einem Kind steckt viel Eigenart, die Gott ihm mitgegeben hat. Deshalb: wo sie sich nahe sind und wo sie sich trennen, auch da, wo tiefster Streit ausbricht, können wir darauf vertrauen, dass das, was Gott begonnen hat, zu einem guten Gelingen führt.

Die Lebenswege von Jakob und Esau haben sich getrennt durch Betrug und tiefe Enttäuschung. Aber viele Jahre später, vom Leben geprägt, durch Höhen und Tiefen gegangen, werden sich beide wieder begegnen. Sie haben beide Angst vor der Begegnung, vor allem Jakob, der weiß, dass er seinen Bruder betrogen hat vor vielen Jahren. Aber: »Blut ist dicker als Wasser.« Die Bibel beschreibt die Begegnung so:

»Esau aber lief seinem Bruder entgegen und herzte ihn und fiel ihm um den Hals und küsste ihn und sie weinten.« (Gen 33, 4)

Morgenandacht

Samuel (1. Sam 1)
8. November 2001

Wunschkinder

Eine Frau. Glücklich verheiratet. Alles, was zum vollkommenen Glück fehlt, ist ein Kind. Andere tuscheln schon hinter ihrem Rücken, sticheln. Ihr Mann versucht sie zu trösten, aber sie grämt sich. Sie weiß nicht ein noch aus in ihrem Kummer, sie betet. Und dann kommt tatsächlich die großartige Neuigkeit: sie ist schwanger! Neun Monate später wird ein gesunder Sohn geboren. Außer sich vor Freude dankt sie Gott.

Was die Bibel im ersten Buch Samuel von Hanna erzählt, ist eine uralte und bis heute aktuelle Geschichte: Hätt, ich ein Kind! Es gibt eine große Sehnsucht nach einem Kind bei Paaren, die ungewollt kinderlos bleiben. Jahrtausendelang war Kinderlosigkeit ein Makel für Frauen, ein existenzielles Drama. Und, auch wenn das heute nicht mehr so ist, dieses »wenn ich nur ein Kind hätte« bleibt ein Thema. Eine junge Frau hat sich vor einigen Wochen bei mir ausgeweint. Die vielen Therapien der Kinderwunsch-Behandlung haben ihre Ehe so belastet, dass sie damit aufgehört haben. Sie will jetzt ganz entspannt sein. Sie sagt: »Weißt du, ich sage mir, es muss nicht ein Kind um jeden Preis sein, ich kann doch auch so glücklich sein im Leben.« Gut, vernünftig, dachte ich.

Und dann rief sie einige Tage später an: »Ich hatte heute einen Eisprung und wir haben miteinander geschlafen – es gibt doch Hoffnung, betest du für mich?« Wie groß und beherrschend kann diese Sehnsucht sein. Diese Frau tut mir Leid: Aber wie ist ihr zu helfen, mit diesem Kummer zu leben?

Manche Frauen nehmen schwierige und schmerzhafte Therapien auf sich im Rahmen der In-Vitro-Fertilisation, um ein Kind zu bekommen. Monat für Monat wird gewartet und gehofft, die Sexualität wird von einem strikten Zeitplan bestimmt. Das ist eine große psychische Belastung für ein Paar. Zudem gibt es den Wunsch, ja manches Mal geradezu den Anspruch: »Hätt, ich ein gesundes Kind«. Große Hoffnungen werden in die Präimplantationsdiagnostik gesetzt. Und bei der Fruchtwasseruntersuchung und ihrer Analyse, bei Spätabtreibungen werden Kinder selektiert, die den Normanforderungen eines gesunden Kindes nicht entsprechen. Wenn eine Frau diese diagnostischen Maßnahmen verweigert, erntet sie Stirnrunzeln. Und wer bewusst ein behindertes Kind austrägt, erntet fragende Blicke: Musste das denn sein?

Kinder haben – das hat im 21. Jahrhundert irgendwie seine Unschuld verloren. Es wird zur Leistung, zur technischen Machbarkeit. Samuel war ein lange ersehntes Wunschkind. Und es gibt wohl kaum ein größeres Glück als das. Aber Kinder dürfen auch nicht zum ganzen Lebensinhalt werden. Hanna übergibt ihren Sohn Samuel nach der Stillzeit einem Priester im Tempel. Ist das nicht grausam? Nein. Sie weiß, dass ihr Kind ein Geschenk Gottes ist. Sie sagt zu Eli, dem Priester:

»Um diesen Knaben bat ich. Nun hat der Herr mir die Bitte erfüllt …
Darum gebe ich ihn dem Herrn wieder sein Leben lang,…«
(1. Sam 1, 27f.)

Kinder sind und bleiben ein Geschenk Gottes. Deshalb können wir sie loslassen und Gott anvertrauen. Kinder sind keine persönliche Errungenschaft. Die Lebenszusage Gottes, sie gilt gleichermaßen denen, die keine Kinder haben.

Morgenandacht

Joseph (Gen 37ff.)
9. November 2001

Verwöhnte Kinder

Das verwöhnteste Kind der Literaturgeschichte ist wohl Joseph. Obwohl er sage und schreibe elf Brüder und eine Schwester hatte, warf sein Vater ein besonderes Auge auf ihn. Er wurde rundheraus bevorzugt, verhätschelt und war dementsprechend eitel.

Joseph als Kind merkt nicht, wie sehr er die anderen gegen sich aufbringt, sondern erzählt zum Beispiel einen Traum: die Sonne, der Mond und elf Sterne verneigten sich vor mir. Da wird es selbst dem Vater zu bunt. Jakob sagt:

> *»Soll ich und deine Mutter und deine Brüder kommen und vor dir niederfallen? Und seine Brüder wurden neidisch auf ihn.«* (Gen 37, 10b f.)

Von der »Droge Verwöhnung« ist in der jetzigen Erziehungsdebatte die Rede. Natürlich kann ein Kind zu sehr verwöhnt werden, wenn es alles bekommt und zwar sofort. Das ist ungesund, das weiß jeder und jede. Aber grundsätzlich halte ich Verwöhnen nicht für schlimm. Meine Mutter sagte gegenüber dem Vorwurf, ich würde als Jüngste zu sehr verwöhnt, immer: »Das Leben wird noch schwer genug.« Für sie war die Erinnerung an eine glückliche Kindheit wohl auch etwas, was ihr Stabilität gegeben hat in den Jahren von Krieg und Internierung. Ich glaube, solches Verwöhnen meint Liebe, die das Kind spürt, das Bewusstsein, ich bin geborgen, alle wollen das Beste für mich. Solches Verwöhnen macht stark! Ein Verwöhnen dagegen, das entmündigt und keine Chance zum Erproben gibt, macht schwach und lebensuntüchtig.

Gewiss brauchen Kinder Grenzen! Und gerade das Ringen um Grenzen macht Erziehung manches Mal so anstrengend. Aber es kann nicht darum gehen, die Regeln der Erwachsenen zwanghaft auf Kinder zu übertragen. Das würde übersehen, dass ein Kind nicht nach dem eigenen Bilde und den eigenen Vorstellungen geformt werden kann, sondern eine eigenständige Persönlichkeit ist, die Entwicklungsspielraum braucht. Die Grenzen, die gefordert werden, sie sollten nicht nach Duckmäusertum und Nackenschlägen riechen. Wie viele Kinderseelen sind so gebrochen worden? Ich möchte meine Kinder zu geraden, freien Menschen erziehen! Bettina Wegner singt in ihrem Lied *»Sind so kleine Hände«* für mich überzeugend: *»Gerade, klare Menschen wär'n ein schönes Ziel – Menschen ohne Rückgrat haben wir schon zuviel!«*

Wenn Verwöhnen bedeutet: kleine Diktatoren heranziehen, eitle Egoisten, dann ist es schädlich und wird Kinder nicht gerade zu sympathischen Mitmenschen heranwachsen lassen. Wenn Verwöhnen aber heißt: dem Kind alle Liebe geben, ihm den Rücken stärken, es aufbauen, dann gibt es eine Basis für das spätere Leben, die nicht nur durch Höhen, sondern auch durch Tiefen trägt.

Natürlich war Jakob unklug, ein Kind allen anderen so vorzuziehen. Aber: Rückgrat hat er Joseph gegeben. Er hat nicht nur den Verkauf in die Sklaverei und das Gefängnis überstanden, sondern konnte Jahre später vergeben und seinen Brüdern mit Liebe begegnen. Er war sich der Liebe seines Vaters so gewiss, dass er wahrhaftig schwere Zeiten unbeschadet an seiner Seele hat durchstehen können. Dazu hat ihm Gottvertrauen geholfen, das er durch die Zuwendung seines Vaters gelernt hat.

Morgenandacht

Jesus
10. November 2001

Abgrenzung ertragen

Das ist nicht leicht für Eltern. Der Sohn hat sich einen eigenen Freundeskreis gesucht. Er ist gebildet, bewegt sich in Bereichen, die die Eltern nicht kennen. Sie verstehen ihn nicht mehr, sie haben das Gefühl, er entgleitet ihnen. Was tun Eltern und Geschwister? Sie versuchen ihn festzuhalten, da rauszuholen. Und oft genug werden sie zurückgewiesen.

Diese Erfahrung musste auch die Familie Jesu machen. Es heißt im Markus-Evangelium: »Sie wollten ihn festhalten« (3, 21), sie ließen ihn rufen (3, 31), immer wieder gehen sie ihm nach. Er aber weist sie schroff zurück: »Wer ist meine Mutter und meine Brüder?« und er sah ringsherum auf die, die um ihn im Kreise saßen und sprach: »Siehe, das ist meine Mutter und das sind meine Brüder« (3, 34).

Das tut weh! Wenn jemand ein Kind großgezogen und begleitet hat, verletzt eine solche Zurückweisung. Und auch für Geschwister ist solche Abgrenzung nicht einfach.

Jugendliche suchen die Themen anscheinend geradezu, bei denen Vater und Mutter empfindlich sind: Sie kennen ihre Eltern ja so gut wie sonst kaum jemand. Und sie springen auf den Zug der Abgrenzung, da, wo es ihren Eltern durch Mark und Bein geht. Für sie gilt es, in dieser Zeit den Schmerz der Abgrenzung zu ertragen. Je mehr sie sich dazu provozieren lassen, sich mit Macht oder Gewalt durchzusetzen, desto höher wird der Grad der Verletzung – gegenseitig.

Die Pubertät ist eine Zeit, in der Eltern manchmal schokkiert erkennen, dass ihre Kinder erzogen sind, die Phase, in der sie prägend wirken, scheinbar abgeschlossen ist. Nicht

Erziehung, sondern Begleitung ist jetzt gefragt, nun kommt es darauf an, dass sich die gelegten Fundamente als tragfähig erweisen. Eine Freundin sagt: »Ich wollte ihnen noch so viel mitgeben, vermitteln, aber irgendwie sind sie jetzt fertig, suchen ihre eigenen Wege und Werte. Das ging so schnell!«

Die Pubertät ist eine Zeit des unglaublich großen Egoismus oder auch Narzissmus oder auch der Verunsicherung. Mir scheinen die jungen Leute so mit sich selbst beschäftigt, dass es ihnen kaum gelingt, andere wirklich tief wahrzunehmen. Eltern müssen wohl einfach erwarten, dass die Aussaat aus den früheren Jahren Frucht bringt. Ja, darum geht es – aber das kann dauern...

Und dann gibt es eben auch die Momente der Innigkeit, in denen Eltern spüren: da ist eine große Nähe. Vielleicht müssen Eltern die Distanz zulassen, damit die Nähe möglich ist. Jene Momente der Nähe sind nicht planbar, nicht programmierbar, sie sind eben ein Geschenk des Himmels!

Und Jesus – ist das nun einfach so vergleichbar? Selbstverständlich ist seine Geschichte eine ganz besondere. Maria erkennt das ja schon in der Schwangerschaft. Aber der Schmerz der Abgrenzung, er wird vergleichbar sein mit dem Schmerz vieler Eltern und Familien. Auch Maria und Jesus aber finden zu einem gemeinsamen Weg. Als Jesus am Kreuz stirbt, ist sie da, lässt ihren Sohn in dieser grausamen Situation nicht allein. Und er sagt zu dem Jünger, den er lieb hatte:

»Siehe, das ist deine Mutter!« Und von der Stunde an nahm sie der Jünger zu sich. (Joh 19, 27)

Sie ist und bleibt seine Mutter, er sorgt für sie noch in der Stunde seines Todes. Die Abgrenzung ist lange vorbei. Was bleibt, ist die Nähe zwischen Eltern und Kindern, die durch Phasen der Trennung nicht zerstört wird.

Adventsfeier des Landeskirchenamtes

Henriettenstift Hannover
4. Dezember 2001

Liebe Gemeinde,

Sie erwarten hohen Besuch – Was tun Sie? Einladungen verteilen, Haus putzen, überlegen, was Sie kochen wollen, wie der Ablauf des Festes ist. Und wenn der Besuch dann kommt, freuen Sie sich, hoffentlich!

Im Advent geht es um die Ankündigung eines Besuches. Im Lukasevangelium heißt es:

»Durch die herzliche Barmherzigkeit unseres Gottes wird uns besuchen das aufgehende Licht aus der Höhe«.

Einmal raten: wissen Sie, wo das steht? Der Vers stammt aus dem Lobgesang des Zacharias. Er ist der Vater von Johannes dem Täufer. Im Lukasevangelium wird erzählt, dass er verstummt nach der Ankündigung der Geburt seines Sohnes, und erst als der Sohn geboren ist, findet er die Sprache wieder. Er spricht nun von dem, was er erfahren hat: Gott will uns besuchen.

Ein angekündigter Besuch. Gottes Barmherzigkeit ist es, die diesen Besuch ermöglicht, diesen Besuch, auf den wir uns jetzt in der Adventszeit wiederum, wie seit 2000 Jahren, neu vorbereiten. Barmherzigkeit ist in unserer Zeit nicht gerade ein sehr viel verwendeter Begriff. Er kommt in der Alltagssprache kaum noch vor. Aber verständlich ist er geblieben. Barmherzigkeit heißt, sich jemandes annehmen, Annahme, Angenommensein selbst erfahren. Akzeptanz ohne Vorbedingung und ohne Vorleistung. Genau das ist Gottes Barmherzigkeit, die uns mit Jesu Ankunft möglich wird.

Erbarmen, diesen Begriff verstehen vielleicht die Menschen, die leiden am besten. Gott weiß von diesem Leiden, weil Gott Leiden kennt. Weil Gott sich erbarmt, geben wir Hoffnung weiter in unserer Welt. Weil Gott selbst zu Besuch kommt, besuchen Christinnen und Christen Menschen, die verlassen sind.

Gott will uns besuchen. Auf diesen Besuch bereiten wir uns in der Adventszeit vor. Sie ist Zeit der Vorbereitung und des Wartens. Als Jugendliche haben meine Schwestern und ich oft über unsere Mutter gestöhnt: »Oh Mann, wie spießig, die Fenster müssen geputzt werden vor Weihnachten. Oh nein!« Letzte Woche habe ich gemerkt, wie dreckig die Fenster sind und gesagt: »die müssen wir aber vor Weihnachten noch putzen« und meine Töchter haben sich angeguckt: »Oh nein!« So geschieht wahrscheinlich Erziehung, habe ich gedacht. Vorbildcharakter, Gewöhnung, Überzeugung, Aneignung… doch das ist ja heute nicht das Thema!

Warum aber wollte meine Mutter die Fenster putzen? Weil sie sich auf hohen Besuch vorbereitet hat. Heute sehe ich das ganz klar... Gott will uns besuchen. Das ist nun echt hoher Besuch! Wir bereiten das Fest der Ankunft vor. Wir feiern doch nicht uns, nein, wir feiern Gott an Weihnachten. Das haben wir in diesem Jahr mit unserer Adventskampagne deutlich gemacht.

Wer besucht uns? *»Durch die herzliche Barmherzigkeit unseres Gottes wird uns besuchen das aufgehende Licht aus der Höhe.«* Das aufgehende Licht aus der Höhe als Umschreibung des kommenden Gottessohnes ist eine ungewöhnliche Bezeichnung. Das Aufgehen des Lichtes und das gleichzeitige Herabkommen scheinen ja zunächst widersprüchlich. Vielleicht ist es so zu verstehen, dass ein aufgehender Himmelskörper Licht auf die Erde wirft. Vielleicht auch: Gott ist in Bewegung. Gott ist nicht starr, unveränderlich, sondern Gott will Menschen begegnen. Gott will Menschen begegnen, deshalb kommt Gott.

Ja, auf dieses Kommen bereiten wir uns vor. Es wird angekündigt in der Bibel. Zum einen durch die Propheten, und als die Ankunft ganz nahe ist, da sind es die Engel, die den

Menschen diese Ankunft zusagen. Das ist auch bei Zacharias so. Er erfährt als allererster, dass sein Sohn Johannes, der geboren werden soll, das Volk vorbereiten soll auf die Ankunft Jesu. Die Ankündigungen der Geburt gehen weiter: Auch Maria wird vom Engel besucht. Der Engel sagt ihr: »Siehe, du wirst schwanger werden und einen Sohn gebären, und du sollst ihm den Namen Jesus geben.« Und auch die Hirten auf dem Felde schließlich werden vom Engel vorbereitet: »Siehe ich verkündige euch große Freude, die allem Volk widerfahren wird.«

Die Ankündigung des Besuches Gottes bei den Menschen durch die Engel geschieht immer mit der gleichen Formel: *»Fürchte dich nicht!«* Dieses »Fürchte dich nicht« ist sozusagen die Vorstellung des Engels, die Visitenkarte. Gott kommt zu den Menschen. Fürchtet euch nicht!

Auch in dieser Adventszeit begegnen uns allerorten Engel. Da sind fette kleine Puttenengel, niedlich pausbäckige Goldjungs, schmale, ästhetische Frauengestalten. Engel, die mit erhobenem Zeigefinger belehren, wie die Engel in der Kirche des Henriettenstiftes, die ich während der Andachten der Synode in der letzten Woche wieder beobachtet habe. Oder die Engel mit Flügeln vorgestern im Restaurant. Engel mit Harfen auf einer Weihnachtskarte. Wenn wir einmal beginnen, auf die Engeldarstellungen zu achten, dann kann man zum Teil schon anfangen zu lachen.

Durch die Geschichte hindurch haben sich die Engelsdarstellungen verändert. Da sind nackige kleine Jungs und hagere, große Gestalten. Karl Valentin schreibt: »Die Engel waren aber doch früher auch einmal Menschen, deren Seelen ins Jenseits geflüchtet sind. Dort haben sie Flügel bekommen. Das wird aber nur die weiblichen Wesen betreffen, vom 1. bis 30. Lebensjahr. Ich könnte mir nämlich den Herrn Bäckermeister Meyer nicht so himmlisch vorstellen, wenn er nackend mit zwei großen Flügeln in den Wolken herumflattert – dann lieber unsichtbar.«

Oder erinnern Sie sich an Ludwig Thomas Darstellung des Münchners im Himmel, Alois Hingerl, von dem der liebe Gott dann sagt: »Mit dem können wir hier nichts anfangen«.

Das sind die lustigeren Geschichten über die Engel. Geschichten über sie gibt es viele, Lieder, Gebete, ganze Bücher voll.

Was aber ist ein Engel? Gottes Bote? Erfahrung der Nähe Gottes? Oder uns zum Trost geschickt? Macht es Sinn, noch an Engel zu glauben? Oder hat uns die Aufklärung das nicht endgültig ausgetrieben? Auf Ihren Tischen finden Sie Engeldarstellungen. Jeder und jede kann sich ein Bild wählen, vielleicht wollen Sie sich ein paar Minuten austauschen, was Ihnen Engel bedeuten, wie Sie sich Engel vorstellen...

Ich denke, wir nähern uns einer Zeit, in der wir die Aufklärung wohl kaum hinter uns lassen, aber hinter all dem Sichtbaren, dem so Erklärlichen, wissenschaftlich Beweisbaren doch auch das Geheimnis neu ahnen. Das Geheimnis in unserem eigenen Leben, das Geheimnis hinter der sichtbaren Welt. Als Kinder haben viele gebetet:

Abends, wenn ich schlafen geh,
vierzehn Englein bei mir stehen.
zwei zu meiner Rechten,
zwei zu meiner Linken.
zwei zu meinen Häupten,
zwei zu meinen Füßen.
zwei die mich decken,
zwei die mich wecken,
zwei die mich weisen zu des Himmels Paradeisen.

Irgendwann fanden wir das kitschig. Aber die Ruhe, die Geborgenheit, die das ausgedrückt hat, die hat wohl kaum jemand vergessen. Engel bedeuten eben, dass Gott bei uns ist, uns Frieden zusagen will, auch dann, wenn unser Leben aus den Fugen zu geraten scheint. Auch dann, wenn uns Leid und Schmerz und Tod treffen. Denn das ist ja auch die Botschaft des Engels, als die Frauen an das leere Grab kommen: »Was sucht ihr den Lebenden bei den Toten.« Das heißt: Der Tod hat nicht das letzte Wort. Nein, einst wird Gott abwischen alle Tränen.

Wenn wir auf dieses Jahr zurückblicken, dann hätten wir uns manches Mal einen Engel gewünscht. Am 11. September in New York einen Schutzengel für die Menschen in den Flugzeugen und den Hochhäusern. Einen Racheengel für die kleine Ulrike und die kleine Adelina und die anderen Kinder, die ermordet wurden. Einen Engel der Versöhnung möglicherweise im Ehestreit, im Krach mit den Eltern.

Engel. Vielleicht sind Advent und Weihnachten die beste Zeit, sich diesem Geheimnis neu anzunähern. Da sind die Momente im Leben, die nicht erklärbar sind. Das plötzliche Wissen: Das ist der richtige Mann, die richtige Frau. Ein überschäumendes Glücksgefühl im Anblick von Himmel oder Erde. Eine Erfahrung von Bewahrt-worden-Sein. Vor einem Unfall, vor einer Dummheit. Oder auch die Begegnung mit einem Menschen, der den entscheidenden Hinweis gibt, ein Lächeln auf unsere Lippen bringt, uns für Stunden oder Tage froh sein lässt. Ich denke schon, wir können sagen, dass uns in solchen Situationen ein Engel Gottes berührt. Wir erahnen neu etwas von der Realität Gottes mitten in unserer Welt.

Dazu gehört auch das überwältigende Vertrauen, dass Gott einen geliebten Menschen hält und trägt auch über den Tod hinaus. Christian Andersen erzählt:

»Jedes Mal wenn ein gutes Kind stirbt, kommt ein Engel Gottes zur Erde hernieder, nimmt das tote Kind auf seine Arme, breitet die großen breiten Flügel aus und fliegt über die Stätten, die das Kind lieb gehabt hat...«

Der Besuch Gottes in der Welt macht deutlich: Gott ist nicht der ferne Weltenwalter, sondern Gott ist nahe. Gott ist erschienen. Ja, Gott ist bei uns, Gott lässt uns nicht allein – das ist die Botschaft der Engel zu Weihnachten:

Fürchtet euch nicht!
Amen.

Weihnachtsbrief

2001

Wenn wir auf dieses Jahr zurückblicken, dann hätten wir uns manches Mal einen Engel gewünscht. Am 11. September in New York einen Schutzengel für die Menschen in den Flugzeugen und den Hochhäusern. Einen Racheengel für Ulrike, Adelina und die anderen Kinder, die ermordet wurden. Einen Engel der Versöhnung vielleicht im Ehestreit, im Krach mit den Eltern.

In der Advents- und Weihnachtszeit begegnen uns aller Orten Engel. Da sind fette, kleine Puttenengel, niedlich pausbäckige Goldjungs, schmale, ästhetische Frauengestalten. Engel, die mit erhobenem Zeigefinger belehren, oder Engel mit Flügeln und Engel mit Harfen auf einer Weihnachtskarte.

Durch die Geschichte hindurch haben sich die Engelsdarstellungen verändert. Karl Valentin schreibt: »Die Engel waren aber doch früher auch einmal Menschen, deren Seelen ins Jenseits geflüchtet sind. Dort haben sie Flügel bekommen. Das wird aber nur die weiblichen Wesen betreffen, vom 1. bis 30. Lebensjahr. Ich könnte mir nämlich den Herrn Bäckermeister Meyer nicht so himmlisch vorstellen, wenn er nackend mit zwei großen Flügeln in den Wolken herumflattert – dann lieber unsichtbar.« Oder erinnern wir uns an Ludwig Thomas Darstellung des Münchners im Himmel, Alois Hingerl, von dem der liebe Gott dann sagt: »Mit dem können wir hier nichts anfangen«. Das sind die lustigeren Geschichten über Engel. Geschichten über sie gibt es viele, Lieder, Gebete, ganze Bücher voll. Was aber ist ein Engel? Gottes Bote? Erfahrung der Nähe Gottes? Macht es Sinn, noch an Engel zu glauben? Oder hat uns die moderne Zeit das nicht endgültig ausgetrieben?

In der Bibel kündigen Engel immer wieder den Besuch Gottes bei den Menschen an. So wird Maria vom Engel besucht, der ihr sagt: »Siehe, du wirst schwanger werden und einen Sohn gebären und du sollst ihm den Namen Jesus geben.« Und auch die Hirten auf dem Felde schließlich werden vom Engel vorbereitet: »Siehe, ich verkündige euch große Freude, die allem Volk widerfahren wird.«

Die Ankündigung des Besuches Gottes bei den Menschen durch die Engel geschieht immer mit der gleichen Formel: »Fürchte dich nicht!« Dieses »Fürchte dich nicht!« ist die Vorstellung des Engels, seine Visitenkarte. Gott kommt zu den Menschen. »Fürchtet euch nicht!« Gott will Menschen begegnen. Gott will uns besuchen. Auf diesen Besuch bereiten wir uns in der Adventszeit vor. Als Jugendliche haben wir immer über unsere Mutter gestöhnt: »Oh, nein, die Fenster müssen geputzt werden vor Weihnachten!« Letzte Woche habe ich gemerkt, wie dreckig die Fenster sind, und gesagt: »Die müssen wir aber vor Weihnachten noch putzen.« Und meine Töchter haben sich angeguckt: »Oh nein...«

Warum aber wollte meine Mutter die Fenster putzen? Weil sie sich auf hohen Besuch vorbereitet, das Fest der Ankunft vorbereitet hat. Wir feiern doch nicht uns, nein, wir feiern Gott an Weihnachten. Hinter all dem Sichtbaren, dem so Erklärlichen, wissenschaftlich Beweisbaren ahnen wir doch das Geheimnis in unserem eigenen Leben, das Geheimnis hinter der sichtbaren Welt. Erinnern Sie sich an das Kindergebet:

Abends, wenn ich schlafen geh, vierzehn Englein um mich stehn.
Zwei zu meiner Rechten, zwei zu meiner Linken...

Irgendwann fanden wir das kitschig. Aber, die Geborgenheit, die das ausdrückt, hat wohl kaum jemand vergessen. Engel bedeuten: Gott ist bei uns. Gott will uns Frieden zusagen, auch wenn unser Leben aus den Fugen zu geraten scheint. Auch dann, wenn uns Leid und Schmerz und Tod treffen. Denn das ist ja auch die Botschaft des Engels, als die

Frauen an das leere Grab kommen: »Was sucht ihr den Lebenden bei den Toten?« Das heißt: Der Tod hat nicht das letzte Wort. Nein, einst wird Gott abwischen alle Tränen.

Dazu gehört auch das überwältigende Vertrauen, dass Gott einen geliebten Menschen hält und trägt auch über den Tod hinaus. Hans Christian Andersen erzählt: »Jedes Mal, wenn ein gutes Kind stirbt, kommt ein Engel Gottes zur Erde hernieder, nimmt das tote Kind auf seine Arme, breitet die großen weißen Flügel aus, fliegt über all die Stätten, die das Kind lieb gehabt hat…«

Engel – vielleicht sind Advent und Weihnachten die beste Zeit, sich diesem Geheimnis neu anzunähern. Da sind Momente im Leben, die nicht erklärbar sind. Die große Liebe. Ein überschäumendes Glücksgefühl. Eine Erfahrung von Bewahrt-worden-Sein. Die Begegnung mit einem Menschen, der ein Lächeln auf unser Gesicht bringt. Ich denke schon, wir können sagen, dass uns in solchen Situationen ein Engel Gottes berührt. Wir erahnen neu etwas von der Realität Gottes mitten in unserer Welt.

Die Ankunft Gottes in der Welt macht deutlich: Gott ist nicht der ferne Weltenwalter, sondern Gott ist nahe. Gott ist erschienen. Ja, Gott ist bei uns, Gott lässt uns nicht allein – das ist die Botschaft der Engel zu Weihnachten: »Fürchtet euch nicht!«

Ihnen allen wünsche ich gesegnete Weihnachtstage,
Ihre

Landesbischöfin Dr. Margot Käßmann

Weihnachtspredigt

Marktkirche Hannover
24. Dezember 2001

Gnade sei mit euch und Friede von Gott, der da war, der da ist, der da kommt. Amen.

Liebe Gemeinde,

Heiliger Abend, Heilige Nacht. Lange haben wir darauf gewartet. Ja, auch im Jahr 2001 gab es das: Vorfreude und Warten-Können, Türchen öffnen und Kerzen anzünden, Strohsterne, die gebastelt und Kekse, die gebacken wurden. Mit Sorgfalt wurden Geschenke ausgesucht für Menschen, die wir lieben, die uns nahe stehen. Schöne Karten wurden verschickt als kleiner Gruß zum Fest in Verbundenheit oder mit Dank. Das sind gute und wichtige Rituale in einer Zeit, die Wurzeln und Geborgenheit sucht.

Allerdings gab es sicher auch das: Einkaufsstress und Glühweinrummel, Weihnachtsfeiern, die keiner mochte, Geschenke kaufen für Leute, die man nicht mag. Es gab Streit um den richtigen Weihnachtsbaum, der idealerweise 64% der Höhe im Umfang haben soll, wie eine Zeitung berichtet. Und Auseinandersetzungen: Müssen wir die Tante dieses Jahr einladen? Die Kinder wollen aber nicht mit zum Schwiegervater. Nein, ihr geht nicht ins Kino am 1. Feiertag! Es soll doch gemütlich werden...

Aber alles das kann nicht zerstören, worum es heute Abend wirklich geht. Wir warten jedes Jahr neu auf Weihnachten, weil wir zumindest an diesem Abend – einmal im Jahr – es wagen, uns die Frage nach dem Sinn unseres Lebens zu stellen. Wir spüren ja, dass wir allzu oft davonlaufen vor dieser Frage. Wir schaffen und machen und klagen und rennen, aber wir nehmen uns nicht die Zeit zu fragen: Was will ich eigentlich mit diesem Leben? Liebt mich überhaupt jemand? Werde ich tatsächlich gebraucht? Und gebe ich den Menschen, die mich brauchen, die Liebe, die sie suchen? Es gibt so viel Einsamkeit in unserer betriebsamen und beschleunigten Zeit. Und es gibt so viele, die das Glück gar nicht mehr spüren, das Glück der einfachen Dinge. Ein Dach über dem Kopf. Ein warmes Bett an kalten Tagen. Tage ohne Hunger. Menschen, die mit uns leben wollen. Eine kleine Geste – da sorgt einer für mich. Da hat sich eine Gedanken gemacht um mich. Und das große Glück: Freiheit, als Frau ohne Erniedrigung leben, eine Zeit ohne Krieg in unserem Land – alles keine Selbstverständlichkeiten.

Liebe Gemeinde, der Heilige Abend ist eine Zeit für grundsätzliche Gedanken über unser Leben. Und zwar gerade, weil wir eben nicht einen holden Knaben im lockigen Haar feiern, so gern ich selbst jenes Lied auch singe. Es geht auch nicht um ein süßliches Familienidyll. Nein, das alles ist die verweltlichte Fassung eines religiösen Festes. Weihnachten geht es für Christinnen und Christen um Gott! Um unseren Gott, der in die Welt kommt als ein Kind in Palästina. Ein Kind mittelloser jüdischer Eltern, ein Kind, das unter Habenichtsen geboren wird und schon als Säugling auf die Flucht muss. Ein Kind in extremer Armut – wie 600 Millionen Kinder heute. Sie sterben an Mangelernährung, an Hunger, Krieg und Flucht auf der ganzen Welt. Sie werden in Kriege geschickt, sexuell missbraucht und bei Billiglöhnen gnadenlos ausgebeutet. Ja, dieses Schicksal hätte auch jenes Gotteskind leicht erleiden können.

Wie sollen wir das eigentlich aushalten, all diese Horrordaten, die Fakten der Welt? Ist es da nicht besser, sich ganz auf den eigenen kleinen Umkreis zu besinnen und es sich einfach gemütlich zu machen an Weihnachten? Und: Ist es nicht absurd zu glauben, dass Gott nun gerade als Kind in die Welt kommt? Da feiern wir doch lieber ein besinnliches Familienfest mit Gans und Glühwein ohne so widerspenstige Inhalte. Und überhaupt: wenn Gott diese Welt angeblich so sehr liebt, wo war eigentlich Gott in diesem Jahr, das so viele Fragen aufgeworfen hat? Ist es da nicht besser, sich diese schwierigen Fragen gar nicht erst zu stellen und lieber den Fernseher anzuschalten, der lenkt uns schon ab? Was ist die Botschaft von Weihnachten in so einer Situation?

Die Botschaft der Engel, die an so vielen Orten und über so viele Generationen hinweg weitergegeben wird, wir haben sie eben noch einmal gehört: »Euch ist heute der Heiland geboren!« und: »Ehre sei Gott in der Höhe und Frieden auf Erden bei den Menschen seines Wohlgefallens.« Manchmal sind uns diese Worte schon so vertraut, dass wir sie gar nicht mehr intensiv aufnehmen. Wir hören sie und verstehen sie doch nicht in der Tiefe. Diese Worte treffen die Lebenssituation und die Herzen von Menschen aber seit 2000 Jahren. Hören wir sie also heute Abend noch einmal neu für uns.

Euch ist heute der Heiland geboren – unser Heiland. Lange galt das Wort als etwas fromm und verkitscht. Aber da ist ja etwas dran. Viele Menschen haben große Sehnsucht nach Heil, nach jemandem, der sie heil macht an Körper und Seele. Wie viel kaputtes Leben gibt es! Und wie viel Sehnsucht nach gelingendem Leben! Jesus kennt diese Sehnsucht und macht den Menschen Mut: du kannst dein Leben ändern. Zöllner: komm vom Baum herunter, ich will mit dir essen gehen. Frau, die gesteinigt werden soll: fang noch einmal neu an. Sterbender Mann: der Tod ist nicht das Ende, sondern bei Gott ein neuer Anfang. Jesus sieht die Menschen an mit den Augen der Liebe, jeden und jede, dich und mich. Er hat diese Liebe selbst erfahren von seinen Eltern, die alles für ihn getan haben, und auch von Gott als Gottes Kind. Er hat sich Gott vollkommen anvertraut und daraus große, überzeugende Lebenskraft gewonnen. Und er sagt dir und mir: dein Leben macht Sinn, weil Gott dir Sinn zuspricht. Es kann heil werden, wenn du dich auf das Vertrauen zu Gott einlässt. So wird er zum Heiland.

Ehre sei Gott in der Höhe – »Brüder und Schwestern sprecht mit mir: 01090, Halleluja – die himmlische Nummer!« Soll ich mich eigentlich ärgern über diese Werbung, die ich seit Tagen im Radio höre und die sich mir einprägen soll und ja offensichtlich eingeprägt hat? Wie sieht es aus mit dem Kinowerbespot für Ahoi-Brause, der einen langweiligen Gottesdienst zeigt und erst die Brause regt die Phantasie des Pfarrers an – den Klischees entsprechend vor allem die sexuelle Phantasie. Unsere Religion wird gern verscherbelt und gern auf die Schippe genommen in unserer Zeit. Das Christentum wird gnadenlos vermarktet und der Lächerlichkeit preisgegeben. Mit keiner anderen Religion würde das gewagt in diesen Tagen.

Liegt das wohl daran, dass die Christinnen und Christen ihre Religion selbst nicht mehr ernst genug nehmen? Dass sie signalisieren: Glauben wir ja alle längst selbst nicht mehr…? Und Mitarbeiterinnen und Mitarbeiter der Kirche sagen: Das ist ein sinkendes Schiff, steigt lieber nicht ein. Und andere, die erklären: Alles hoffnungslos überaltert, um sich dann einer esoterischen Form von Religion zu verpflichten, die mit Jahrtausende alten Ritualen wirbt. Eltern die erklären: Unsere Kinder sollen mal wählen können auf dem Markt der Religionen, wir wollen doch bloß nichts vorgeben an Werten, an Glauben, an Überzeugungen und Ritualen.

Gott die Ehre geben, das fällt offensichtlich schwer. Ehre, was soll denn das überhaupt bedeuten? Ich habe in mehreren Wörterbüchern nachgeschlagen – meist kommt nach der Ehescheidung das Ei. In einem Lexikon aber heißt es:

»Dem Menschen die Ehre nehmen heißt (nämlich), ihm das Vertrauen anderer abschneiden.« (RGG) Das ist ja spannend. Wenn wir Gott nicht ehren, erklären wir anderen, dass sie ihm nicht vertrauen sollten. Gott die Ehre geben hieße dann, ihm wirklich vertrauen und davon auch zu sprechen. Es tut gut, sich Gott anzuvertrauen. Unser Glaube ist eine Lebenskraft. Da gibt es Begeisterung, Freude über Gott. Daraus entspringt ein Lebensglück, das keine Spaßgesellschaft ersetzen kann. Das ist ein Glück, das hält und trägt selbst dann, wenn menschliche Beziehungen brechen und Vertrauen in Menschen enttäuscht wird. Gerade da, wo ich mich frage: Wie soll es weitergehen in meinem Leben?, finde ich Halt, wenn ich Gott vertraue und so die Ehre gebe.

Und Friede auf Erden – Ja, Gott will Frieden. Gerade dieser friedlosen Welt will er Frieden zusagen. Der Welt des

Terrors, die auf widerwärtige Weise Flugzeuge zu Bomben macht. Der Welt der Waffen, die immer wieder das letzte Wort haben will. Der Welt der Hoffnung, die in einer Spirale der Gewalt in Israel und Palästina unterzugehen droht. Der Welt der Sehnsucht nach einem besseren Leben in Argentinien und so vielen anderen Ländern, die in der Schuldenkrise zunichte gemacht wird. Ja, es wird immer wieder gesagt, die Friedfertigen, die Sanftmütigen, die sich sehnen nach Gerechtigkeit und Frieden, die geistig Armen, sie seien naiv, verrückt, realpolitisch nicht brauchbar. Aber haben denn die Waffen die Vision einer friedlichen Welt gezeigt? Der Beweis wäre noch anzutreten, dass Waffen Frieden schaffen. In der Geschichte haben Waffen immer wieder neue Gewalt gesät. Und die Saat ist immer wieder aufgegangen. Ja, auch nach dem zweiten Weltkrieg: in der Sowjetunion, in Ungarn, der Tschechoslowakei, der DDR, Angola und ja, auch in Afghanistan.

Die Sehnsucht der Menschen aber ist die Sehnsucht nach Frieden. Ob das vor allem die Sehnsucht der Frauen ist? Die Sehnsucht der Marias, die ein Kind zur Welt bringen und wissen, wie zerbrechlich, wie verletzbar dieses Leben ist? Auf humorvolle Weise hat die ZEIT das in der vergangenen Woche dargestellt: eine resolute Schwester sagt all den Kämpfern in ihren martialischen Anzügen in den Krankenhausbetten mit ihren Waffen, die sie offensichtlich für ihre Identität brauchen: »Jetzt ist mal Ruhe hier. Und ich will auch keinen Schuss mehr hören!« Ja, das wünschen wir uns, eine wahrhafte Autorität, die sagt: Ruhe jetzt und kein Schuss mehr!

Liebe Gemeinde, dafür sollten wir eintreten mit allen Mitteln, solche Schwestern und Brüder können wir sein. Menschen, die eintreten für eine Welt ohne Krieg, in der Kinder wie dieses Kind im Stall aufwachsen können ohne Angst. In der Kinder spielen können ohne Furcht vor Schüssen. In der eine Generation heranwächst, die weiß, dass Konflikte gewaltfrei gelöst werden können. Nein, das ist nicht naiv. Aber es wird Kraft und Geld und Einsatz kosten, mindestens so viel wie die Militäreinsätze dieser Welt. Weihnachten sagt uns: Wenn wir das tun, handeln wir im Namen Gottes. Denn Gott will dieser Welt Frieden zusagen. Einen Frieden, den wir eines Tages in Vollkommenheit kennen lernen werden, wenn Gott unter uns wohnt und alle Tränen abgewischt sind. Einen Frieden, für den Gott selbst Zeichen setzt, indem er sich verwundbar macht als neugeborenes Kind, als sterbender Mann am Kreuz.

Bei den Menschen seines Wohlgefallens – Und den Menschen ein Wohlgefallen, hat eine frühere Übersetzung gesagt. Aber im Text steht tatsächlich: bei den Menschen seines Wohlgefallens. Was heißt das? Hat Gott tatsächlich Gefallen an uns? Kann das denn sein? Ja, denn wir sind Gottes Geschöpfe. Und wenn wir es wagen, uns Gott anzuvertrauen, dann sind wir auch Gottes Kinder. Das ist nichts, wofür wir uns schämen müssen. Nein, das ist eine Lebenskraft, die uns trägt in guten und in schlechten Tagen. Eine Kraft, die uns Mut gibt, nach dem Sinn unseres Lebens zu fragen. Die uns einlädt, immer wieder einen neuen Anfang zu wagen. Mit Gott und miteinander. Als Ehepartner. Als Eltern und Kinder. Als Familie. Als Nachbarn. Am Arbeitsplatz. In der Schule.

Liebe Gemeinde, die Botschaft der Engel, sie ist an uns heute gerichtet, heute Abend hier in der Marktkirche, aber auch heute weltweit. Sie ist eine Herausforderung und ein Trost zu gleich. Herausforderung, weil wir die Welt nicht einfach lassen können, wie sie ist. Wir dürfen die Hoffnung auf Frieden nicht einfach aufgeben. In der Nachfolge Jesu sind wir aufgerufen, entschieden für den Frieden einzutreten. Das gilt in unserem persönlichen Leben: wo Ehen zerbrechen, wo Kinder und Eltern streiten, wo Freundschaften gefährdet sind, wo Menschen an den Rand der Gesellschaft gedrängt werden. Aber das gilt auch in unserer ganzen Welt: Es geht darum, Feindbilder abzubauen. Religion darf nicht länger zum Faktor der Konfliktverschärfung werden, sonst wird sie missbraucht. Wir brauchen das Gespräch zwischen den Religionen und Kulturen, das Ringen um Werte!

Und die Engelsbotschaft bringt *Trost und Hoffnung* an Weihnachten, weil wir mit all unsere Fehlern doch Gottes

Kinder sind, denen Gott Heil zusagen will, die vor Gott Wohlgefallen finden. Deshalb ist dieses Kind in die Welt gekommen, damit wir immer wieder hören: Gott sei Ehre in der Höhe, aber eben auch auf Erden. Geben wir Gott die Ehre. Vertrauen wir auf den Heiland, der geboren ist und machen wir uns auf, immer neu für den Frieden auf Erden einzutreten als Menschen seines Wohlgefallens. Dazu ermutigt uns Weihnachten. Amen.

Ansprache beim Epiphanias-Empfang

Loccum
6. Januar 2002

Sehr geehrter Herr Landtagspräsident,
sehr geehrter Herr Ministerpräsident,
sehr geehrte Damen und Herren,

bereits im vergangenen Jahr habe ich diesen Empfang genutzt, um kurz in mein Jahresthema einzuführen. Damals war es das Thema Bildung, und ich habe unserer Landessynode Ende November Bericht erstattet, was der Ertrag jener Schwerpunktsetzung war. Ein ergiebiges Thema, wahrhaftig, aber da erzähle ich ja gerade den Anwesenden aus dem Bereich der Politik nichts Neues.

Im Jahr 2002 ist nun das Schwerpunktthema für meine Besuche und Vorträge die Diakonie. Dazu will ich zwei Bereiche aufgreifen, bevor ich in guter Tradition kurz auf die Jahreslosung eingehe.

1. Christsein und soziales Engagement

Es dürfte kaum notwendig sein, zu erläutern, dass Diakonie eine Lebensäußerung der Kirche darstellt. Ja, die Konsequenz des Hörens auf das Wort Gottes ist das Handeln für andere. Verkündigung und Diakonie sind unmittelbar verknüpft. Vom Beginn des Christentums ist als höchstes Gebot das der Gottes- und Nächstenliebe (Mt 22, 34ff.) mit auf den Weg gegeben. Schon Paulus sammelt eine Kollekte (2. Kor 8f.), und der barmherzige Samariter (Lk 10, 25ff.) ist Sinnbild christlicher Lebenshaltung. Bei Matthäus wird sogar deutlich, dass wir Christus selbst begegnen, wann immer wir Kranke besuchen oder Gefangene, wenn wir Obdachlosen ein Dach über dem Kopf geben und Hungrige speisen (Mt 25, 34ff.).

Immer wieder gab es daher konkrete Hilfe für Bedürftige durch einzelne Christinnen und Christen sowie auf der Gemeindeebene. Immer wieder auch wurden deshalb große Einrichtungen gegründet, entstanden neue diakonische Bewegungen. Und diese Hilfe ist notwendig auch in der reichen Gesellschaft der Bundesrepublik.

Ende April vergangenen Jahres wurde erstmals ein Armuts- und Reichtumsbericht durch die Bundesregierung veröffentlicht. Diesen Bericht hatte u.a. das Gemeinsame Wort der beiden großen christlichen Kirchen zur wirtschaftlichen und sozialen Lage in Deutschland[1] gefordert. Danach gelten 13,7 Millionen Menschen als einkommensarm. Der Begriff definiert die Situation einer Person, deren Einkunft 50% des nationalen Durchschnittseinkommens unterschreitet. In Westdeutschland gilt somit ein alleinstehender Mensch als arm, der weniger als 1 040 DM, in Ostdeutschland eine Person, die weniger als 855 DM pro Monat zur Verfügung hat. Für jeden weiteren Erwachsenen werden 70%, für jedes Kind 50% hinzugerechnet. Das heißt, eine alleinerziehende Mutter mit einem Kind, die weniger als 1 560 DM zur Verfügung hat, gilt in Deutschland als arm. Daran wird auch eine Umrechnung in Euro nichts ändern, und das neue Steuerrecht, das sie mit Singles gleichstellt, wird ihre Lage noch verschärfen.

2,8 Millionen Menschen sind von Sozialhilfe abhängig, darunter 1,1 Millionen Kinder. Nach den Berichten von Diakonie und Caritas kommt auf jeden Menschen, der Sozialhilfe empfängt, eine Person, die den Anspruch auf Sozialhilfe nicht einlöst, das heißt, de facto in Armut lebt. Ebenso wird deutlich, dass es immer mehr Menschen gibt, die Arbeit haben, aber in prekären Einkommensverhältnissen leben. Gleichzeitig gibt es 1,5 Millionen Vermögensmillionäre und

1 für eine Zukunft in Solidarität und Gerechtigkeit, Wort des Rates der Evangelischen kirche in Deutschland und de Deutschen Bischofskonferenz zur wirtschaftlichen und sozialen Lage in Deutschland, Hannover 1997.

13 000 Einkommensmillionäre. 8,2 Billionen DM Privatvermögen sind vorhanden. 42% dieses Vermögens besitzen 10% der Haushalte, die unteren 50% der Haushalte noch 4,5%.

In dieser Situation bemüht sich unsere Diakonie als Teil der Freien Wohlfahrtspflege, nach Kräften für den Ausgleich sozialer Gegensätze zu sorgen. Die Solidarität der Starken mit den Schwachen, sie ist christliches Gebot. Im Anderen Gottes Ebenbild sehen und so seine Würde zu achten, darum geht es der Diakonie.

Bundesweit gehört die Diakonie zu den größten Arbeitgebern in Deutschland. In Niedersachsen gibt es rund 3 000 diakonische Einrichtungen und Dienste, rund 50 000 Mitarbeitende allein im Bereich der hannoverschen Landeskirche, dazu fast 25 000 Ehrenamtliche. Damit ist das Diakonische Werk unserer Landeskirche der größte Wohlfahrtsverband in Niedersachsen. Einige Beispiele für die Diakonie in Niedersachsen:

- Sie hat 150 Alten- und Altenpflegeheime mit 15 000 Plätzen – damit lebt jeder vierte Altenheimbewohner in Niedersachsen in einer Einrichtung der Diakonie.
- Sie betreibt 83 Einrichtungen für Menschen mit Behinderungen mit 14 000 Plätzen – damit ist die Diakonie die größte Anbieterin in Niedersachsen.
- 563 Kindergärten mit 45 000 Plätzen befinden sich in evangelischer Trägerschaft, somit jeder vierte Kindergartenplatz.

In der Regel arbeiten Staat und Kirche gut zusammen. Oftmals wird mir gesagt: Aber vieles erstattet doch der Staat, was tut die Kirche? Unsere Landeskirche setzt einen deutlichen Schwerpunkt, indem sie mehr als 60 Millionen Euro im Haushalt für diakonische Zwecke ausweist (darin sind beispielsweise die Gehälter der Pfarrerinnen und Pfarrer in den Einrichtungen noch nicht eingerechnet). Allein für die Kindergärten werden 25 Millionen Euro veranschlagt, was wiederum eine große Entlastung für die Kommunen bedeutet. Zum anderen bringt sie das evangelische Profil ein, daran liegt mir besonders. In einer Zeit, die nach Orientierung fragt, sind beispielsweise evangelische Ehe- und Lebensberatungsstellen von besonderer Bedeutung – von den 30 Beratungsstellen übernimmt die Landeskirche 60% der Kosten. Telefonseelsorge ist ein eigenes Projekt der Landeskirche. Es geht um die Sorge für den ganzen Menschen, den christlichen Glauben als lebensstärkende Kraft.

2. Problemanzeigen

Ich hielte es nun aber für falsch, hier lediglich eine Art Leistungsschau der Diakonie zu veranstalten. Ganz deutlich zeichnen sich Probleme ab, die wir benennen und miteinander beraten müssen, um ihnen adäquat zu begegnen.
Einige Beispiele:

2.1 Ökonomisierung

Immer wieder ist in den letzten Monaten oder auch Jahren von der Notwendigkeit eines Umbaus des Sozialstaates zu hören. Nun will ich nicht gleich das große Lied singen: Es darf sich nichts ändern. Auch den christlichen Kirchen ist klar, dass der Staat keine Rundumversorgungsanstalt sein kann. Aber: Der Umbau des Sozialstaates darf nicht dazu führen, dass die schwächsten Glieder der Gesellschaft noch mehr benachteiligt werden. Ich halte die Tendenz für fatal, vom Sozialstaat zu einem offenen Sozialmarkt überzugehen.

Jeder und jede von uns, die wir hier anwesend sind, kann jederzeit pflegebedürftig werden – alt werden wir sowieso. Wer von uns wollte sich dann in den Händen des billigsten Anbieters wissen? Unsere Landeskirche zahlt den 120 Diakoniestationen derzeit 2,3 Millionen Euro für ihr diakonisches Profil – das heißt dafür, dass über die Vergütungsminute laut Pflegeversicherungsgesetz hinaus Zeit zur Verfügung steht. Zeit zum Händehalten, zum Zuhören, zum Beten. Das hat neuerdings dazu geführt, dass unsere Diakoniestationen häufig Patienten zugeschoben bekommen, die für andere Anbieter nicht mehr lukrativ sind, weil sie eben *zu* pflegebedürftig sind. Das heißt: 23 Minuten reichen nicht für

Anziehen, Ausziehen, sogenannte kleine Wäsche, Kämmen und Zähneputzen. Oder: 14 Minuten reichen nicht für Zettel schreiben, Einkauf und Weg. Haben Sie schon einmal in 9 Minuten ein Bett abgezogen, aufgezogen und den Patienten gelagert? Wenn es um die Pflege eines Menschen geht, hat Ökonomisierung ihre Grenzen! Sonst ist die Menschenwürde angetastet!

2.2 Spezialisierung

Mir scheint ein großes Problem darin zu bestehen, dass Arbeitsteilung und Mobilität unserer Gesellschaft die Tendenz verstärken, Krisen auszugliedern. So gibt es Sonderberatungsbereiche für seelische Krisen und Drogenabhängigkeit. Hilfebedürftige Gruppen werden als Sonderkategorie wahrgenommen, die abgeschoben wird in Spezialeinrichtungen. Dadurch wird der Einzelne aber »entwöhnt«, Hilfe zu leisten, Pflege zu übernehmen. Und auch die gewünschte Wiedereingliederung oder Resozialisierung misslingt oft. In einem Artikel zur Diakonie schreibt Hans Christoph von Hase: »Die fast zwangsläufige Frustration dieser Bemühungen ist jedoch dadurch bedingt, daß der erste Schritt, die institutionelle Ausgliederung der Hilfebedürftigen, die ›normale‹ Gesellschaft von der unmittelbaren Hilfspflicht gegenüber dem Nächsten entwöhnt und damit verwöhnt hat, so daß sie nun auch ethisch keineswegs bereit ist, ihn ›anzunehmen‹ bzw. ›einzugliedern‹.«[2] In diesen Fragen stehen wir vor enormen Herausforderungen! Das gilt auch für die Diakonie selbst, die von Gemeinden oft als eigenständig und allzu weit entfernt vom Gemeindeleben wahrgenommen wird.

2.3 Familie

Ich zitiere noch einmal von Hase: »Die Krise der Familie stellt die größte Herausforderung für die Diakonie der Kirche dar…«[3] Dass Kinder in unserem Land das größte Ar-

2 Hans Christoph von Hase, Art. »Diakonie«, TRE Bd 8, New York, Berlin 1981, S. 662.
3 ebd.

mutsrisiko darstellen, halte ich für einen Skandal. Laut Bundesarmutsbericht haben Familien mit mehreren Kindern, Alleinerziehende und Migrantenfamilien ein besonderes Armutsrisiko. Das beginnt schon bei der ungerechten Verteilung des Kindergeldes: Reiche können durch hohe Steuerfreibeträge wesentlich höhere Beträge erzielen als Normalverdiener. Es scheint mir ungeheuer wichtig, einerseits den Stellenwert von Kindererziehung deutlich zu erhöhen: Kindererziehung ist eine Leistung für die gesamte Gesellschaft. Zum anderen ist es wichtig zu sehen, dass neben den bekannten Ursachen für Kinderarmut wie Arbeitslosigkeit der Eltern oder niedrige Einkommen der Bericht der Bundesregierung ausdrücklich »geminderte Erwerbs- und Einkommenschancen von Müttern« erwähnt. Damit ist auch das im nordeuropäischen Vergleich völlig unzureichende Angebot von Kinderbetreuungs-Einrichtungen angesprochen. Arme Kinder haben viele Probleme: von schlechten Wohnverhältnissen bis zu mangelnder sozialer Integration.

Wie können wir Familien beistehen? Wir tun dies in der Diakonie in Niedersachsen mit insgesamt 200 Beratungsstellen und Angeboten offener Sozialarbeit für Alleinerziehende, Schwangere, Migrantinnen und Migranten. Ein Sorgenkind ist dabei derzeit die Schuldnerberatung. Schon jetzt liegt die Wartezeit in den 45 Schuldnerberatungsstellen in Niedersachsen bei einem halben Jahr! Die Änderung der Insolvenzordnung zum 1. Dezember hat unser Diakonisches Werk ausdrücklich begrüßt, denn jedem Überschuldeten wird die Möglichkeit eines Neuanfangs gegeben – das ist gut biblisch im Sinne des Erlassjahres. Sie könnte aber, so die Befürchtung, zur Farce werden, wenn die Wartezeiten so lang sind. Erfahrungsgemäß sind zwei Berater pro 50 000 Menschen notwendig, in Niedersachsen gibt es einen für 65 000. Hier, liebe Anwesende, liegt Handlungsbedarf für Kirche und Staat.

2.4 Weltweite Dimension

Diakonie hat nie nur einen nationalen, sondern stets einen weltweiten Kontext, denn die Kirche Jesu Christi ist nicht auf eine Nation begrenzt. Sie existiert in der *oikumene*, dem ganzen bewohnten Erdkreis. So ist es konsequent, dass unsere Aktion »Brot für die Welt« beim Diakonischen Werk angesiedelt wurde und demnächst mit dem Evangelischen Entwicklungsdienst zusammengeführt wird. Oft gibt es ja die Rückfrage, ob Armut in Deutschland überhaupt als Armut bezeichnet werden kann. 1,2 Milliarden Menschen auf der Welt leben in absoluter Armut und haben weniger als einen US-Dollar pro Tag zum Leben. Diese Realität fällt tatsächlich viel zu oft aus unserem Blick. Nach dem 11. September schien es so, als dränge sie neu ins Bewusstsein, als könnte es eine neue Bewegung für mehr Gerechtigkeit geben – aber das war von kurzer Dauer. Die Entwicklungshilfediskussion, die Debatte um Armut und Reichtum weltweit scheint aus dem Bewusstsein zu entschwinden – und das im Zeitalter der Globalisierung!

Auch im Haushalt Niedersachsens ist der Anteil der Entwicklungshilfe leider in den vergangenen Jahren stetig gesunken. Mit dem Ministerpräsidenten habe ich kürzlich bereits darüber gesprochen. Waren im Haushalt des Landes 1992 für die Entwicklungsarbeit noch 9 Millionen DM veranschlagt, so waren es im Jahr 2000 und im Haushaltsansatz 2002/2003 1 665 333 DM! Wenn wir von weltweiter Gerechtigkeit sprechen, kann das nicht genügen. Ich weiß wohl, dass auch die Kirchen ihre Zielvorgaben aus der Entwicklungsdebatte nicht erreichen. Immerhin aber hat unsere Landeskirche trotz aller Sparmaßnahmen im Haushalt, den wir im November verabschiedet haben, die Gelder für den kirchlichen Entwicklungsdienst nicht gekürzt. Dafür bin ich dankbar.

Der renommierte Ökonom Paul Krugman, nicht gerade bekannt als Sympathisant der Globalisierungsgegner, hat in der ersten Ausgabe seiner Kolumne in der New York Times 2002 kritisiert, dass niemand in den USA offensichtlich die Ausschreitungen in Argentinien ernst genommen habe. Das sei ein grober Fehler, denn Argentinien habe dem Neoliberalismus der USA vertraut und befände sich nun in einem Zustand ähnlich der Weimarer Republik. Das werde antiamerikanische Tendenzen verstärken. Er schließt mit dem

Satz: »Don't cry for Argentina, cry with it«. Dieser Artikel wird ergänzt durch Informationen aus der Kirche am Rio de la Plata. Am 28. Dezember schrieb der Kirchenpräsident Juan Pedro Schaad: »Nach offiziellen Statistiken haben wir 14 Millionen Menschen, die als arm bezeichnet werden... Sie leben und überleben ohne Krankenkasse, noch Altersrente. Haben keine feste Arbeit.« Das Beispiel Argentinien macht noch einmal bewusst: Wir können das Elend dieser Welt nicht als Schreibtischsache ablegen. Es betrifft uns. Und wenn wir die Frage der weltweiten Gerechtigkeit nicht endlich auf die Tagesordnung bringen, dann wird uns dieses Versäumnis bitter einholen.

3. Jahreslosung

Probleme, Fragen, Herausforderungen. Ich kenne viele Menschen, die denken: Besser den Kopf in den Sand. Man lebt nur einmal. Wir können doch sowieso nichts tun, machen wir lieber den Fernseher an, der lenkt uns schon ab. Das ist für mich eine Haltung, die ich als Christin nicht akzeptieren kann. Gott hat uns die Erde anvertraut. Wir sind rechenschaftspflichtig für unser Leben, für das, was wir tun und für das, was wir unterlassen. Die Losung für das neue Jahr erscheint mir deshalb wie eine große Ermutigung:

Ja, Gott ist meine Rettung; ihm will ich vertrauen und niemals verzagen. (Jes. 12, 2)

Das ist eine Vertrauensaussage und eine Aufforderung, ja ein Trost. Für Evangelische ist nun gerade die Rechtfertigung allein aus Gnade, aus Glauben eine besondere Erkenntnis. Für mich ist dabei so wichtig, dass nichts, was ich tue, meinen Lebenssinn erarbeitet. Das gilt vor allem auch für das Versagen. Ich kann nur wagen zu handeln und dabei wissen: Es könnte auch falsch sein, weil ich mich zuallererst und auch über mögliches Scheitern hinweg von Gott angenommen weiß. Deshalb werde ich nicht verzagen und mich im eigenen Handeln Gott anvertrauen.

Viele von ihnen, die heute anwesend sind, müssen Entscheidungen fällen, die viele Menschen betreffen. Ich kann sie nur ermutigen, das zu tun in Verantwortung vor Gott und den Menschen. Wir brauchen Entschlossenheit, um die Herausforderungen zu bewältigen. Es gibt den notwendigen Streit um die Wahrheit, das Ringen um den richtigen Weg. Nichts ist problematischer, als sich davonzustehlen. Deshalb wünsche ich Ihnen für das neue Jahr Gottes Segen und gutes Geleit. Und hoffe, auch Sie ermutigt diese Losung:

> *Ja, Gott ist meine Rettung; ihm will ich vertrauen und niemals verzagen.*

Vielen Dank für Ihre Aufmerksamkeit.

Weihnachtskreis 2002 — 2003

Die liebe Familie

(Timotheus 5, 4)
2. Dezember 2002

Zuerst im eigenen Hause...

»Und Friede auf Erden!« ruft es von Weihnachten her in den Advent. Die Engel kennen meine Familie nicht, wird da so mancher denken. Der Krach mit der Schwiegermutter, mit meinem Bruder bin ich total entzweit, über die Kinder einfach nur enttäuscht, und über meine Ehe will ich gar nicht erst reden. Frieden in der Familie – das heißt für mich: lasst mich alle in Ruhe.

Falls Sie im Advent Zeit zum Lesen haben: Der Roman »Die Korrekturen« von Jonathan Frantzen schildert auf unnachahmliche Weise die Abwehr von Familie und die Sehnsucht nach ihr. Die Großmutter will ein letztes wunderbares Familienweihnachten mit allen Kindern und Enkeln feiern. Aber da gibt es Widerstände, groteske Situationen, weil die Familienwelt eben nicht heil ist und manche Vorfälle aus der Vergangenheit unbearbeitet blieben. Und dann zeigt sich wieder eine tiefe Nähe, die wohl nur Familienmitglieder untereinander kennen...

Ja, die Familie ist in einer Krise, von Frieden keine Rede, weder nah noch fern. Ein Soziologe erklärte neulich, wir hätten heute nicht mehr so viele Eltern mehrerer Kinder, aber dafür umso mehr Kinder vieler Eltern. Patchwork-Familie heißt das. Und solche Konstellationen bringen natürlich zusätzliche Konflikte. Beispielsweise: Wer verbringt bei wem Heiligabend?

Aber solche Fragen gibt es allerorten: Schenke ich meiner Schwester nun etwas oder nicht? Wir wollten es ja lassen, aber was, wenn sie nun trotzdem mir etwas schenkt?

Besuchen wir die Schwiegermutter am ersten Feiertag? Die Kinder haben keine Lust, und wir sitzen doch nur rum und haben uns nichts zu sagen... Soll ich mich tatsächlich für Stunden in die Küche begeben, bloß weil es traditionellen Gänsebraten geben soll? O ja, da kann Advent schon zum Familienstress ausarten.

Leider alles gar nicht so friedlich und in der Advents- und Weihnachtszeit vielleicht sogar noch schwieriger als sonst. Denn da sind ja die großen Erwartungen, dass zum Fest der Liebe alles so schön ist wie in der Jacobs-Krönung-Kaffee-Werbung. Das Jesuskind in der Krippe mit Maria und Josef, es ist ja geradezu ein Sinnbild für heile Familie.

Jesus selbst aber hat durchaus erfahren, was es heißt, familiäre Auseinandersetzungen durchzustehen. Es ist nachzulesen, wie er seine Mutter und seine Geschwister schroff zurückgewiesen hat, als sie ihn nach Hause holen wollten. Und doch: unter dem Kreuz steht sie, seine Mutter, hält ihm die Treue.

Im ersten Timotheusbrief ermahnt der Schreiber, dass Christinnen und Christen das, was sie glauben und wovon sie erzählen, zuallererst in der Familie umsetzen sollen. Zum Beispiel steht da:

»Wenn eine Witwe Kinder oder Enkel hat, so sollen diese lernen, zuerst im eigenen Hause fromm zu leben.«

Das ist eine strenge Mahnung. Und doch ist sie bis heute treffend. Wir können viel vom Weltfrieden, von der Notwendigkeit der Versöhnung reden, wir können schnell urteilen, warum die da in Israel und Palästina keinen friedlichen Weg finden. Aber es ist gar nicht so einfach, im Alltag Frieden zu schaffen, der nicht nur eine oberflächlich heile Welt darstellt. Sich die Zeit nehmen, die Mutter zu besuchen. Die Kinder gewaltfrei erziehen. Nicht brüllen vor Zorn, wenn die Ehe knirscht. Niemand ist perfekt. Aber vielleicht ist der Advent ja auch eine Zeit, kleine Schritte einzuüben. So nach Pfadfindermanier: Jeden Tag eine gute Tat. Jeden Tag ein kleiner familiärer Friedensschluss...

Generationen

(Psalm 71, 9)
3. Dezember 2002

Verwirf mich nicht in meinem Alter...

»Und Friede auf Erden!« ruft es von Weihnachten her in den Advent. Aber in unserer Zeit treibt ein besonderer Unfriede Urstand. Es geht um die Alten im Lande. Sie werden als Alterspyramide bezeichnet, sie sind die Fußangel der Krankenkassen, sie belasten die Pflegeversicherung. Da titelt eine Tageszeitung: »Wie schützen wir die Jungen vor den Alten?« Viel Furcht gibt es, viel Angstmacherei und wenig Solidarität, wenig Lösungskonzepte. Weisheit des Alters, Würde des Alters, das spielt keine Rolle in einer Gesellschaft, die geradezu vernarrt ist in die Jugend. Eine ganze Ausgabe des Wochenmagazins »Spiegel« wurde den Möglichkeiten gewidmet, dem Altern äußerlich Einhalt zu gebieten. Da gibt es Facelifting und Fettabsaugen, der Mensch kann sich Nervengifte unter die Falten spritzen lassen und Silikon wird an den unterschiedlichsten Stellen eingepflanzt. Schöne, neue Welt.

Alle Operationen werden aber nicht verhindern, dass Menschen in unserem Land alt werden. Dass ihnen manches langsamer von der Hand geht, dass sie an der Supermarktkasse nicht locker die EC-Karte zücken, sondern mühsam versuchen, Geldstück um Geldstück zusammenzuzählen. Dafür gibt es wenig Geduld. Und wenn die Alten erst im Pflegeheim sind, werden sie schnell vergessen. Apropos: Wer will schon ins Altenheim? Dahin gehen nur noch die sozusagen »hoffnungslosen Fälle«, die Demenzkranken, die Altersverwirrten, diejenigen, die sich gar nicht mehr allein helfen können. Pflegestufe 1 ist das Minimum. So ist ein Altenheim heute oft nicht mehr der Ort gemeinsamen Älterwerdens, sondern droht zur Verwahranstalt zu werden. Und unter dem Druck der Kosten hat das Pflegepersonal kaum noch Zeit zur persönlichen Zuwendung.

Das tut weh. Allein sein. Nicht mithalten können. Belächelt werden. Spüren, dass alle Zuneigung abgerungen ist, letzten Endes niemand Zeit hat. Oder Lust, sich mit dir zu befassen. Alterseinsamkeit ist grausam. Und es sage niemand, die Pflege zu Hause sei so viel besser als im Heim. Was denn, wenn die Schwiegertochter völlig überfordert ist? Wohin wenden, wenn die Gängelei unerträglich wird? Gewalt gegen alte Menschen ist ein verdecktes Phänomen, ein Tabu.

Das war zu biblischen Zeiten anders. Es gab Respekt vor dem Alter, Weisheit und Erfahrung standen höher im Kurs als Jugend und kurzlebige Modethemen. Aber ein Psalmwort zeigt: Die Sorge um Einsamkeit, was, wenn ich schwächer werde, sie ist ein uraltes Motiv. Im Psalm 71 heißt es:

»Verwirf mich nicht in meinem Alter, verlaß mich nicht, wenn ich schwach werde.«

Das ist nun zuallererst ein Ruf an Gott, ein Flehen um Gottes Hilfe. Lass mich nicht allein, bleib bei mir. Halt mich auch, wenn die Kräfte nachlassen, auch im Tod. Aber der Ruf ist natürlich auch ein Ruf an andere Menschen: Lasst mich nicht allein. Habt Geduld mit mir. Schiebt mich nicht einfach ab.

Frieden im Land ist nicht möglich ohne Frieden zwischen den Generationen, ohne Rücksicht auf die Schwachen. Wir alle erinnern uns an das Märchen, in dem der Großvater von einer grob geschnitzten Holzschale essen muss, weil ihm die Tonschale oft aus der Hand rutschte und zerbrach. Erst als der Enkel eine solche Schale für die eigenen Eltern schnitzt, erkennen diese: eines Tages – und so lange ist das gar nicht mehr hin – werden wir an der Stelle der Alten stehen.

Wie wäre es damit, im Advent einen besonderen Besuch zu machen, bei alten Verwandten, einer Nachbarin, in einem Pflegeheim? Ein bisschen Adventsglanz würde da sicher strahlen.

Männer und Frauen

(Johannes 4, 7ff.)
4. Dezember 2002

Da kommt eine Frau aus Samarien...

»Und Friede auf Erden!« ruft es von Weihnachten her in den Advent. Aber wie sieht es beispielsweise mit dem Frieden zwischen Frauen und Männern aus? Immer wieder hagelt es Schläge, gibt es heftige Auseinandersetzungen, zertrümmerte Beziehungen, die ein Leben lang weh tun.

Gewalt ist tatsächlich ein Männerphänomen. In Niedersachsen gibt es seit kurzem einen Aktionsplan zur Bekämpfung häuslicher Gewalt. Das bedeutet: Wer schlägt, geht. Gewalttätige Ehemänner und prügelnde Väter werden eine Woche oder länger aus dem Haus entfernt. Nicht die Frau und die Kinder müssen gehen, in ein Frauenhaus fliehen, sondern der schlagende Mann. Es ist ein großer Fortschritt, dass Polizei und Justiz sich auf die Seite der Opfer stellen. Lange Zeit galt Gewalt gegen Frauen noch als »Sachbeschädigung«, weil die Frauen vor dem Gesetz mehr oder weniger als Eigentum ihrer Ehemänner galten. Das neue Programm kann einige Erfolge aufweisen.

Aber ist es wirklich so, dass Frauen und Männer sich einfach nicht verstehen können, wie es ein Bestseller unter dem Titel: »Warum Männer nicht zuhören und Frauen schlecht einparken können« erläutert? Männer und Frauen sind verschieden – ein Glück, denn das macht ja auch ihre Anziehungskraft auf einander aus. Und es ist sicher gut und normal, dass Frauen und Männer je untereinander eigene Themen und Gesprächskulturen haben. Aber ebenso wichtig ist, dass sie versuchen, einander zu verstehen, und klar ist: Eine gute Beziehung gibt es nur in Respekt voreinander, ohne

Unterordnung und vor allem ohne Gewalt. Wie sollen Kinder das lernen, wenn sie es zu Hause nicht erleben?

Das Johannesevangelium erzählt von einem intensiven Gespräch zwischen Jesus und einer Frau am Brunnen. Der Rabbi und die Ausländerin, der Mann und die Frau, sie ringen um gegenseitiges Verstehen. Nun geht es Johannes sicher vor allem um theologische Fragen, um das Gottesverständnis, die Erkenntnis, dass Jesus der Messias ist. Aber dieses Kapitel ist ein wunderbares Zeugnis für Respekt von Mann und Frau voreinander, von Geduld miteinander, von der Lust am Gespräch. Diese Ernsthaftigkeit des Gespräches müssen auch die Jünger gespürt haben, denn es heißt:

»Unterdessen kamen seine Jünger und sie wunderten sich, dass er mit einer Frau redete; und doch sagte niemand: Was fragst du? Oder: Was redest du mit ihr?«

Wahrscheinlich trägt zum Frieden zwischen den Geschlechtern zuallererst bei, dass wir uns Zeit nehmen füreinander, zuhören, versuchen, zu verstehen, die andere Perspektive einzunehmen. Aber das braucht Zeit und auch Geduld. Wie wär,s mit einem Versuch im Advent? Laden Sie ihren Partner, ihre Ehefrau, ihren Freund ein zu einem schönen Essen mit einem Glas Wein. Wäre doch gelacht, wenn wir keine Verstehensbrücken finden. Friede wächst schließlich in kleinen Portionen…

Nationen

(Offenbarung 21, 3)
5. Dezember 2002

Sie werden sein Volk sein...

»Und Friede auf Erden!« ruft es von Weihnachten her in den Advent. Aber daran könnte der Mensch doch verzweifeln, oder? Nehmen wir allein das Heilige Land. Selbstmordattentate von Palästinensern zerfetzen Menschen, die in einem Bus fahren oder einkaufen oder einfach nur einen Kaffee trinken wollen. Vergeltungsschläge der israelischen Armee zerstören die Wohnungen der Flüchtlinge. Wir sehen Kindergesichter, die Angst und Wut vereinen. Da bedrohen Bewaffnete Menschen, die sich auf einen Musicalabend gefreut haben. Und die Täter sind gleichzeitig die Opfer eines grausamen Krieges. Russen und Tschetschenen – wie soll da Versöhnung wachsen? Vor Jahren war ich in Armenien – das Massaker der Türken ist noch immer im Gedächtnis – wer kann diese Erinnerung aufarbeiten? Tutsi und Hutu in Ruanda – ein Massaker an Hunderttausenden in nur wenigen Tagen – wie soll hier Frieden entstehen?

Manches mal scheint die Sache des Friedens hoffnungslos. Wir lesen die Meldungen, wir kennen die Geschichte und fragen uns, was oder wer Völker in solchen Hass treibt. Aber selten erzählen wir die kleinen Hoffnungsgeschichten. Eine Türkin und ein Kurde, die ein Paar sind, sich lieben und ihre neu gegründete Familie als Friedenszeichen verstehen. Ein Mann, der nach 27 Jahren aus dem Gefängnis kommt und nicht nach Vergeltung schreit, sondern Mut hat zur Versöhnung von Schwarz und Weiß in Südafrika. Oder: Auf dem jüdischen Friedhof in Göttingen ist ein christlich-jüdisches Paar begraben. Die christliche Ehefrau hatte ihren jüdischen

Mann vor den Progromen der Nazis im Keller bewahrt. Richard Gräfenberg überlebte. Als er 1951 starb, fand sich in seinem Testament der Wunsch, gemeinsam mit seiner Frau Helene begraben zu werden. Aber Christen auf einem jüdischen Friedhof beerdigen – das geht nicht. Die jüdische Gemeinde fand eine wunderbare und weise Lösung: Das Grab wurde mit einer Hecke abgegrenzt – und so wurde seine Frau 1957 hier bestattet. Zwischen den Hecken ein Zeichen des Friedens.

Die Bibel hat eine wunderbare Vision. Eines Tages werden alle Völker ein Volk sein. Im Buch der Offenbarung heißt es:

»Und er wird bei ihnen wohnen und sie werden sein Volk sein und er selbst, Gott mit ihnen wird ihr Gott sein.«

Dieses Motiv zieht sich durch das biblische Zeugnis. Eines Tages in Gottes Zukunft werden die Menschen nicht mehr nach Gott fragen müssen, zweifeln, sondern Gott wird mitten unter uns sein und wir ein Volk. Alle Auseinandersetzung, alles Leiden, aller Krieg werden ein Ende haben.

Und was kann das für den Advent heißen? Eigene Vorurteile prüfen beispielsweise. Alle Türken Kümmelfresser? »Jeder Stoß ein Franzos«, wie es im ersten Weltkrieg hieß? Und die Kanaken – wussten Sie, dass das ein uraltes Volk im Pazifik ist? So sind sie, die Russen, die kennen keine Gnade. Die Amis, sie sind halt oberflächlich und haben keine Ahnung. Alle Iraker etwa Kriminelle, alle Muslime Terroristen? O ja, wir sind sehr leicht zu Vorurteilen und Urteilen zu verführen. Der Advent als kleines Reinigungsprogramm für pauschale Vorurteile – das wäre im Sinne der Vorbereitung auf die Ankunft des Gottessohnes. Er jedenfalls ist ihnen vorurteilsfrei begegnet, den Menschen aus allen Nationen. Und er will seine Botschaft des Friedens in alle Welt schicken – auch durch uns.

Strukturen

(Psalm 85, 11)
6. Dezember 2002

Gerechtigkeit und Friede werden sich küssen...

»Und Friede auf Erden!« ruft es von Weihnachten her in den Advent. Aber nein, es ist kein Friede auf Erden. Die einen sind reich, die anderen arm. Während in den Ländern des Nordens die Fettleibigkeit zu Wohlstandskrankheiten führt, verhungern täglich 24 000 Kinder aufgrund ihrer Mangelernährung. Während bei uns mit Billigpreisen für Kaffee geworben wird, erleben die Kaffeeanbauer in Äthiopien oder Brasilien, dass die Preise in den Keller fallen und sie trotz ihrer vielen Arbeit nicht überleben können. Während hier die Teppiche aus Handarbeit angepriesen werden, verkaufen Menschen in Indien ihre Kinder in die Sklaverei, wo sie 14 Stunden und mehr täglich Teppiche knüpfen.

Wer sich das alles anhört, ansieht, kann verzweifeln. Viele schauen deshalb lieber weg, ertragen das ganze Elend nicht. Da schauen wir lieber Fernsehen, lassen uns von Moderator Stefan Raab ablenken, der nett herumblödelt und Menschen gnadenlos auf die Schippe nimmt.

Aber sind die Welt und die Frage der Gerechtigkeit wirklich ein hoffnungsloser Fall? In Psalm 85 heißt es:

»Gerechtigkeit und Friede (werden) sich küssen.«

Ich finde, das ist ein wunderschönes Bild. Über dem Tor des Gothaer Schlosses können wir es richtig sehen. Frieden und Gerechtigkeit als zwei Frauen, die sich küssen. Das ist die Hoffnung der Bibel: eines Tages, da werden der Hass und die Strukturen des Unrechts und des Unfriedens überwunden. Wir brauchen solche Hoffnungsbilder! Und zwar nicht, damit wir uns zurücklegen und sagen: Gott wird's schon richten. Nein. Ich bin überzeugt, die großen Hoffnungen der Bibel sind Wegweiser bis in den Alltag hinein.

Wir werden uns nicht mit der Ungerechtigkeit abfinden. Wir wollen die Augen nicht davor verschließen, was in anderen Ländern geschieht. Es ist ein Skandal, dass die Etats der Entwicklungshilfe stetig sinken, wir aber weiterhin davon profitieren, dass die Näherin unserer Joggingschuhe 70 Cent pro Paar verdient, während wir 100 Euro bezahlen. Da stimmt etwas ganz und gar nicht. Deshalb beteiligt sich unsere Kirche beispielsweise an der clean-clothes-campaign. Die Kampagne für sogenannte »saubere Kleidung« fordert menschenwürdige Arbeitsbedingungen und die Zahlung eines Lohns, der die Existenz sichert in den Ländern, in denen unsere Bekleidung hergestellt wird.

Übrigens: der Heilige Nikolaus von Myra, an den wir heute denken, hat ja auch einfach die Strukturen durchbrochen. Als die Bevölkerung hungert, lässt er Getreide von den Schiffen des Kaisers abladen. Eine andere Legende erzählt, dass er die Schätze der Kirche hergegeben hat, als Piraten drohen, die Kinder der Stadt zu entführen. Er hat die Strukturen einfach durchbrochen, um Leben zu retten. Daran erinnern wir uns bis heute…

Wie wär's also mit einem kleinen Friedensschritt im Advent: Kaffee aus fairem Handel zum Adventsnachmittag.

Schöpfung

(Römer 8, 19)
7. Dezember 2002

Das ängstliche Harren der Kreatur...

»Und Friede auf Erden!« ruft es von Weihnachten her in den Advent. Der Unfriede aber zeigt sich täglich auch im Verhältnis der Menschen zur gesamten Schöpfung Gottes. Noch immer sieht sich der Mensch als Krone der Schöpfung, die er hemmungslos nutzt, benutzt, ausnutzt, beherrscht. Das allerdings sehr unterschiedlich. 75% der Treibhausgase, 70% der FCKW, die die Ozonschicht zerstören, 70% des Erdöls werden in den reichen Ländern verbraucht. Unter den Auswirkungen der Klimakatastrophe aber leiden vor allem die Menschen in den wenig entwickelten Ländern. So gibt es erhöhte Hautkrebsraten in Chile und Argentinien, Wirbelstürme in der Karibik, ausgedehnte Trockenzeiten in Afrika und eine Bedrohung durch die Erhöhung des Meeresspiegels aufgrund der Erderwärmung in Bangladesh und auf den Südseeinseln. Und das ist nur die Perspektive des Klimas. Noch gar nicht erwähnt sind die Umweltzerstörung durch den verschwenderischen Ressourcenverbrauch, die Zerstörung der Regenwälder, die Minderung der Artenvielfalt und so vieles andere mehr.

Dabei sollten wir längst gelernt haben: Es geht um Bebauen und Bewahren. Spätestens seit der Club of Rome 1974 uns dramatisch die »Grenzen des Wachstums« vor Augen geführt hat, ringen wir um Mäßigung. Seit der Weltumweltkonferenz in Rio de Janeiro 1992 ist Nachhaltigkeit das Schlagwort. Die sozialen, die ökologischen und die ökonomischen Perspektiven sollen zu einem Ausgleich kommen. Viel Theorie, viele Worte, wer soll das alles verstehen, was können wir tun?

Im Römerbrief schreibt der Apostel Paulus,

»dass die ganze Schöpfung bis zu diesem Augenblick mit uns seufzt und sich ängstet.«

Und vom ängstlichen Harren der Kreatur,

»dass die Kinder Gottes offenbar werden.«

Die Schöpfung seufzt also mit uns. Sie ängstet sich mit uns. Das ist ein besonderer Gedanke. Aber er ist nachvollziehbar bis heute, finde ich. Ein Vogel, der nicht weiß, wohin, weil die Luft über Tokio völlig verpestet ist. Die Trauer, wenn wir sehen, wie so ein riesiger Urwaldbaum fällt. Ich verstehe Paulus so, dass wir am Zug sind. Wir verstehen die Welt doch als Schöpfung, Gott als Schöpfer. Und wenn wir uns als Kinder Gottes erkennen, dann werden wir uns auch als Haushalterinnen und Haushalter Gottes verstehen. Dann werden wir nicht einfach täglich hinnehmen, was an Zerstörung geschieht, sondern darum ringen, die Schöpfung zu bewahren. Das klingt altmodisch, ich weiß: aber es geht um unseren Lebensstil.

Der Advent wäre doch eine gute Gelegenheit, einige Schritte zu gehen. Da gibt es die großen Schritte, wie die Weltkonferenz für nachhaltige Entwicklung in Johannesburg in diesem Jahr. Aber es gibt auch die kleinen Schritte in unserem Alltag. Einmal mit dem Fahrrad zum Briefkasten und nicht mit dem Auto. Nicht sauer auf meinen Mann sein, wenn er das Standby vom Fernseher ausschaltet. Die Heizung runterdrehen. Vielleicht ein bisschen wenig, ich weiß. Aber doch kleine Schritte gerade im Advent.

Adventsfeier des Landeskirchenamtes

Henriettenstift Hannover
3. Dezember 2002

Liebe Gemeinde,

mein Lieblingsadventslied stammt im Text von Jochen Klepper:

Die Nacht ist vorgedrungen, der Tag ist nicht mehr fern.
So sei nun Lob gesungen dem hellen Morgenstern!
Auch wer zur Nacht geweinet, der stimme froh mit ein.
Der Morgenstern bescheinet auch deine Angst und Pein.

Ein 18-Jähriger schreibt seinen Eltern im Dezember 1942:

»Liebe Eltern,
will Euch nun heute, da wir ja in zwei Wochen Weihnachten haben, schon einen kleinen Weihnachtsbrief schreiben. Liebe Eltern, wie gern ich gerade Weihnachten zu Hause gewesen wäre, kann ich Euch gar nicht schreiben. Es ist dieses das erste Weihnachtsfest, das ich fern von Euch feiern muss. Ich weiß, dass es für uns alle ein sehr ernstes Fest wird. Aber, liebe Eltern, macht Euch nicht zu viele Sorgen um mich. Wir wollen hoffen, dass wir nächstes Jahr wieder zusammen das schöne Weihnachtsfest feiern können. Die Kriegslage lässt es ja dieses Jahr nicht zu, dass wir alle zusammen sein können... Für mich wird es ja ein sehr trauriges Weihnachtsfest werden, denn hier draußen wird es bestimmt nicht schön sein. Ich wollte jedenfalls, wir hätten Weihnachten schon hinter uns, denn Ihr wisst ja selbst, wie es ist, wenn man allein Weihnachten feiern muss. Dazu kommt noch, dass ich an der Front stehe.
Euer lieber Willi...«

Drei Monate später erhalten die Eltern einen Brief:

»Sehr geehrter Herr Hoffmann!

In der Anlage sendet die Dienststelle Ihnen die Nachlaßsachen Ihres am 31.12.1942 verstorbenen Sohnes Wilhelm.«

Der Dezember vor 60 Jahren. Die Schlacht um Stalingrad tobt. Hunderttausende von Zivilisten in der Stadt und Soldaten im Kessel sterben. Pastor Reuber malt die berühmte Madonna von Stalingrad.

Dem alle Engel dienen, wird nun ein Kind und Knecht.
Gott selber ist erschienen zur Sühne für sein Recht.
Wer schuldig ist auf Erden, verhüll nicht mehr sein Haupt.
Er soll errettet werden, wenn er dem Kinde glaubt.

Im selben Dezember 1942 liegt ein Jahr von Angst und Enttäuschung hinter Jochen Klepper und seiner Familie. Die Tochter Brigitte konnte ins Ausland gebracht werden, aber angesichts der Ausweglosigkeit einer bevorstehenden Deportation von Hanni und der Tochter Renate entsteht der Entschluss, dem eigenen Leben ein Ende zu setzen, gerade in der Adventszeit. Vorwürfe gibt es, dass Renate nicht gemeinsam mit Brigitte nach England geschickt wurde.

Am 8. Dezember 1942 schreibt Jochen Klepper in sein Tagebuch:

»Gott weiß, daß ich es nicht ertragen kann, Hanni und das Kind in diese grausamste und grausigste aller Deportationen gehen zu lassen. Er weiß, daß ich ihm dies nicht geloben kann, wie Luther dies vermochte: Nehmen sie Leib, Gut, Ehr, Kind und Weib, laß fahren dahin –. Leib, Gut, Ehr – ja! Gott weiß aber auch, daß ich alles von ihm annehmen will an Prüfung und Gericht, wenn ich nur Hanni und das Kind notdürftig geborgen weiß.«

Kind und Frau geborgen wissen in Gott – das erinnert mich schon an Josef. Er tut alles, um seine Frau, sein Kind, sein auf so wunderbare und sonderbare Weise ihm zugewachsenes Kind, zu schützen. Er wird sie mit dem Esel nach Ägypten bringen, vor Herodes schützen und alles tun, damit sie Geborgenheit erfahren.

Jochen Klepper sieht, dass er sie nicht bewahren kann. Am 10. Dezember 1942 gehen die drei gemeinsam aus dem Leben. Die letzten Sätze im Tagebuch lauten:

»Wir sterben nun – ach, auch das steht bei Gott. Wir gehen heute Nacht gemeinsam in den Tod. Über uns steht in diesen letzten Stunden das Bild des segnenden Christus, der um uns ringt. In dessen Anblick endet unser Leben.«

Die Nacht ist schon im Schwinden, macht euch zum
Stalle auf!
Ihr sollt das Heil dort finden, das aller Zeiten Lauf
Von Anfang an verkündet, seit eure Schuld geschah.
Nun hat sich euch verbündet, den Gott selbst ausersah.

Liebe Gemeinde, vielleicht denken Sie: Warum kommt nun die Bischöfin mit einem so tief traurigen Thema in unsere Adventsandacht? Da soll es doch schön sein, besinnlich. Ja, das soll es sein, und dennoch können wir die Welt da draußen, außerhalb dieses festlich geschmückten Raumes nicht verdrängen. Ich glaube, wir sollten Advent neu entdecken als die Zeit, in der wir das Licht anzünden *mitten in der Dunkelheit*. Wir müssen die dunklen Lebensseiten nicht grell überblenden. Als Christinnen und Christen sind wir fähig und in der Lage, Terror, Krieg, Unrecht, Angst, Krankheit, Tod in unserer Welt anzusehen. Wir dürfen den Mut haben, nicht nur das Schöne, das Erfolgreiche zu sehen, sondern auch das Dunkle in unserem eigenen Leben und in unserer ganzen Welt.

Gerade deshalb hat mich die Ausstellung Haderers im Wilhelm-Busch-Museum so, sagen wir, wenig begeistert. Da ist Jesus ständig bekifft, gekreuzigt wird er nicht, er zieht irgendwie ab in den Himmel. Christinnen und Christen aber können das Kreuz im Leben ansehen. Sie müssen aus dem Leben keine Dauer-Spaßparty machen. Und trotzdem können sie lebenslustig sein, Humor haben.

Noch manche Nacht wird fallen auf Menschenleid und Schuld.
Doch wandert über allen der Stern der Gotteshuld.
Begrenzt von seinem Lichte, hält uns kein Dunkel mehr.
Von Gottes Angesichte kam euch die Rettung her.

In meiner Kanzlei steht ein Metallkreuz, aus einer Gewehrkugel gemacht. Es wurde mir bei der Eröffnung der ökumenischen Dekade zur Überwindung von Gewalt geschenkt. Die Form ist nicht gerade ästhetisch schön, das Material nicht edel. Aber dieses etwas grobe Kreuz symbolisiert für mich das Ringen um Frieden. Das ist ja auch nicht leicht, nicht perfekt, aber unendlich kostbar. Dieses Kreuz hat eine Geschichte aus einem fernen Land:

George Togba war Kraftfahrzeugmechaniker in Liberia. Im Bürgerkrieg flüchtete er sich mit seiner Familie in die lutherische St.-Peter-Kirche in Monrovia, der Hauptstadt Liberias. Während eines Massakers in dieser Kirche wurde seine gesamte Familie ermordet. »Ich rannte aus der Kirche«, berichtet George, »und schloss mich den Rebellen an.« Während des einen Jahres als Soldat der Nationalen Patriotischen Front aber war ihm das Kämpfen verhasst, er wollte nicht töten. In einem Traum hatte er die Idee, diese ganzen Gewehrkugeln und Granaten in Symbole des Friedens zu verwandeln. Er begann, aus Patronenhülsen Metallkreuze herzustellen. Die kleinen, nur 5 cm hohen Kreuze werden inzwischen über den Lutherischen Weltbund in vielen Ländern verkauft. Sie sind Symbole dafür, dass, wie es in der Bibel heißt, Schwerter zu Pflugscharen werden sollen. Inzwischen sichert das Projekt den Lebensunterhalt von mehr als zehn Familien…

Das ist eine Weihnachtsgeschichte, eine Hoffnungsgeschichte, eine Erneuerung des Rufes: Friede auf Erden! Wir können etwas ändern, wir können zum Frieden beitragen, indem wir uns nicht von den Feindbildern irre machen lassen, sondern unbeirrt für Frieden und Versöhnung eintreten. Das Kreuz ist das Zeichen, dass Gott uns hält, wie er Jesus Christus gehalten hat über den Tod hinaus.

Am Heiligen Abend erfahren wir: Dieses wunderbare Fest hat seinen Grund und Ursprung in unserem Glauben an Gottes Sohn. Ohne Kreuz kein Christus und ohne Christus kein Christfest! Aber auch im ganzen Jahr will uns Gott nahe sein, können wir auch anderen davon erzählen, dass wir in unserem Glauben Frieden für unsere oft so verwundete Seele finden. Von Gott her hören wir neu die Verheißung des Friedens für uns, der erst einst in Gottes Zukunft vollkommen sein wird. Aber wir können heute schon für ihn eintreten. Es ist die Botschaft vom Himmel her, die uns die Hoffnung nicht aufgeben lässt: Frieden auf Erden ist möglich.

Gott will im Dunkel wohnen und hat es doch erhellt.
Als wollte er belohnen, so richtet er die Welt.
Der sich den Erdkreis baute, der lässt den Sünder nicht.
Wer hier dem Sohn vertraute, kommt dort aus dem Gericht.

Vertrauen wir also dem Sohn. Zünden wir ein Licht an in der Dunkelheit. Hören wir auf die Friedensbotschaft vom Himmel her. Für uns selbst, unsere Familien, unsere Gesellschaft, die Welt. Amen.

Weihnachtspredigt

Marktkirche Hannover
24. Dezember 2002

Gnade sei mit euch und Friede von Gott und dem Herrn Jesus Christus. Amen.

Liebe Gemeinde,

das müssen wir dem guten alten Lukas lassen, er ist ein hervorragender Drehbuchautor, in seinem Szenario stimmt einfach alles. Das macht ihm in Hollywood heute so schnell keiner nach: Eine Story, die seit Jahrhunderten läuft und einfach nicht abgesetzt wird. Wir haben die alte Geschichte soeben wieder gehört, die heute Abend den Predigttext stellt: »Da machte sich auf auch Josef…« Als Kind schon habe ich jedes Jahr auf diese Worte gewartet. Jedes Jahr dieselben Worte und doch jedes Jahr neu.

Neu wohl auch, weil wir selbst jedes Jahr Veränderte sind, die diese Worte hören. Ja, auch ihr Jungen, im Knabenchor dort oben oder in der Gemeinde, auch ihr habt euch verändert. Wie war das vor einem Jahr? Vielleicht hat sich eine Hoffnung zerschlagen? Oder eine neue Liebe ist aufgetaucht! Mussten wir von einem Menschen Abschied nehmen? Oder unser Leben hat einen Rhythmus, einen Gleichklang gefunden, in dem es sich gut leben lässt. Ja, wir sind jedes Weihnachten Veränderte. Und die Welt, in der wir diese Geschichte hören, ist eine veränderte. Letztes Jahr haben wir vor allem das Attentat in New York vor Augen gehabt, in diesem Jahr gibt es ein gewisses Unbehagen angesichts der ungelösten gesellschaftlichen Herausforderungen und vor allem die Angst vor Krieg. Es ist gut und bestärkend, dass in all den Veränderungen unseres Lebens und unserer Welt das Evangelium uns als zuverlässige Konstante begleitet!

Aber schauen wir uns erst noch einmal die handelnden Personen im Drehbuch genau an: Da sind:

Kaiser Augustus und Quirinius. Ob die beiden gedacht hätten, dass die Welt an sie nicht aufgrund ihrer Taten denken wird, sondern weil sie einfach die Zeitgaranten für einen anderen sind? An ihnen kann die Geburtszeit Jesu rekonstruiert werden. Letzten Endes sind sie, die großen Herren, Statisten im Drehbuch.

Josef. Er hat manche Schmach über sich ergehen lassen müssen. Als gehörnter Verlobter wurde er verspottet. Dabei ist er ein Mann der Tat. Tut, was getan werden muss, schützt Frau und Kind.

Maria. Furchtbar lieb und unbedarft wird sie meist dargestellt. Und sie versteht andauernd nicht, was los ist. Immer muss ein Engel oder ein Hirte oder ein Weiser aus dem Morgenland alles erklären. Aber sie singt auch bei Lukas, sie weiß sich als niedrige Frau erhöht durch ihre Schwangerschaft. Doch, stolz ist sie, entschlossen. Lukas schreibt nichts von lieb und unbedarft.

Die Hirten. Ja, einfältig mögen sie sein. Aber sie stehen auf, machen sich auf, haben eine tiefe Hoffnung auf bessere Zeiten im Herzen, suchen Gottes Nähe.

Die drei Weisen oder Könige. Sie lassen sich nicht beirren, auch nicht durch Herodes. Konsequent gehen sie ihren Weg und lassen sich vom Stern leiten, selbst wenn kein anderer ihn sieht.

Die Engel. Sie ermutigen alle: »Nehmt das einfach an, dass Gott mitten unter euch ist. Freut euch, habt keine Angst.« Engel begleiten alle. Auch uns?! O ja: »Fürchtet euch nicht«, rufen sie uns auch heute zu.

Schön und gut, aber was macht diese Geschichte zu so einer besonderen? Ein Mann schrieb mir neulich per Mail: »Warum feiert alle Welt das? Jeden Tag werden Kinder von jungen Frauen geboren!« Dreierlei macht die Geschichte zu einer besonderen.

Zuerst: An die Geburt des Jesus von Nazareth hätte sich ohne die Hoffnung der Auferstehung wohl niemand erinnert. Ja, ein Kind geboren, aber wie Milliarden Kinder zuvor und danach. Das ist keine Meldung wert, weder bei Lukas noch in der Tagesschau. Für die einzelne Frau, die einzelne Familie mag das etwas Besonderes sein, aber mit Blick auf das Weltgeschehen? Ich bitte Sie...

Vom Ende her gewinnt diese Geburt besondere Bedeutung. Wir glauben als Christinnen und Christen, dass Gott mit diesem Kind den Tod überwunden hat. Er ist auferstanden, er ist wahrhaftig auferstanden – von diesem Osterruf her schauen wir auf das Kind in der Krippe. Und wir erkennen im Rückblick, dass schon Jesu Geburt wohl von Vorankündigungen, Zeichen, Vorahnungen begleitet war.

»Kein Grund zu Feiern in Bethlehem dieses Jahr«, sagte ein Reporter in den Nachrichten am vierten Advent. Kein Grund zu feiern? Das ist eine Falschmeldung. O doch, es gibt Grund zum Feiern. Denn die Weihnachtsgeschichte ist eben keine gefühlvolle Rosamunde-Pilcher-Story mit Happy End. Sie hat nach weltlichen Maßstäben ein äußerst trauriges Ende. Sie endet nicht nur wie jedes Leben mit dem Tod, nein, sogar noch mit einer außerordentlich grausamen Hinrichtung durch eine brutale Besatzungsmacht. Die letzte Meldung aber lautet: Der Tod ist nicht das Ende, er ist der Beginn einer Hoffnungsgeschichte der Menschen mit Gott. Mitten in allem Leid der Welt setzt Gott ein leuchtendes Zeichen der Hoffnung, auch heute im von Terror und Gewalt zerrissenen Bethlehem.

Jesus war schlicht ein »Weltverbesserer« meint die Wochenzeitung »Stern« in ihrer Ausgabe etwas spöttisch. Immerhin ist Jesus dem Blatt doch wohl heute noch verkaufsträchtig genug, ihn zum Aufmacher zu machen. Und alle Versuche, Jesus einfach als einen von den vielen hinzustellen, »die Wandel predigten«, scheitern doch an der Tatsache, mit der der Sternartikel in einer Art Verzweiflungsgeste schließt: »Das Ende des Jesus wird zum Anfang des Christus.« O ja, Jesus, der als der auferstandene Christus geglaubt wird, hat eine Spur der Hoffnung in der Welt zurückgelassen. Das müssen wir eingestehen, eine Spur der Zerstörung gab es auch – in den Kreuzzügen und in Kriegen, die heilig genannt wurden. Aber das war ein schrecklicher Irrweg, der die Botschaft Jesu bitter verfälscht hat. Vor allem hat Jesus Christus eine Spur der Gewaltlosigkeit, des Friedens gelegt. Eine Spur, die die Botschaft von der Gottebenbildlichkeit jedes Menschen und der Freiheit in die Welt getragen hat. Nelson Mandela sagte 1998: »Wenn ich also sage, dass wir das Produkt der missionarischen Erziehung sind, dann möchte ich damit zum Ausdruck bringen, dass ich den Missionaren gar nicht genugdanken kann für das, was sie getan haben. Aber man muss in einem südafrikanischen Apartheid-Gefängnis gesessen haben, um die größere Bedeutung zu verstehen, die der Kirche in dieser Situation zugekommen ist.« Der Gedanke der Freiheit und Gleichheit aller Menschen, der Jungen und Alten, der Schwarzen und Weißen, der Männer und Frauen, der Kranken und Behinderten ist mit Jesus in die Weltgeschichte gepflanzt. Der Gedanke, dass Frieden und Gerechtigkeit und Versöhnung möglich sind, ist als Hoffnung wie ein Unkraut präsent, das die Welt mit all ihrer Bosheit und Dunkelheit und ihrem Vernichtungswillen einfach nicht ausrotten kann.

Weil die Geschichte Gottes mit den Menschen, wie sie in Jesus Christus zu verstehen ist, Hoffnung in die Welt bringt, darum lassen Christinnen und Christen die Hoffnung auf Frieden und Gerechtigkeit nicht los. Und auch wenn andere uns für naiv halten, werden wir konsequent für eine Welt des Friedens eintreten. Die Hoffnung von Weihnachten sagt: Frieden ist möglich. Ja, der Irak muss abrüsten, aber die ganze Welt, alle müssen abrüsten, damit der Frieden eine Chance hat. Wir werden gegen alles Kriegsgetrommel für den Frieden beten und sagen: Frieden ist der Weg, nicht Krieg.

Zum Zweiten: Diese Geschichte ist eine besondere, weil sie eine Spur gelegt hat durch die Jahrhunderte hindurch. »Es begab sich aber zu der Zeit…«, das haben Menschen im dritten Jahrhundert in Syrien gehört und im 10. Jahrhundert in Frankreich und im 16. Jahrhundert in Nordamerika und im 19. Jahrhundert in Indonesien, in Äthiopien, in der ganzen

Welt. Und die Botschaft von dem Kind, in einem Stall geboren, sie ist um die Welt gegangen, sie geht um die Welt über Zeiten und Kontexte und Grenzen hinweg. Sie rührt jeden Menschen an, denn wir alle, ob in Deutschland oder Brasilien, im Kongo oder in Nordamerika, in Thailand oder auf einer pazifischen Insel, kennen die Verletzlichkeit des Lebens, so eines neugeborenen Kindes, der Liebesbeziehung zwischen einem Mann und einer Frau.

Diese Geschichte, die Lukas erzählt, sie ist einfach nicht zum Schweigen zu bringen, auch wenn die Stasi beispielsweise das gern wollte. In der Birthlerbehörde wurde vor kurzem ein Aktenstück gefunden mit dem Titel: »Verordnung zum Schutz des Sozialismus vor heidnischem Spuk und christlichem Mummenschanz, Schädigung der Forstwirtschaft und Hamsterkäufen«. Tatsächlich sollte versucht werden, die Durchführung des Weihnachtsfestes zu verbieten. Walter Ulbricht hatte erklärt, er wolle nicht länger mit ansehen, »wie erwachsene Menschen ein grünes Kroppzeug in ihre Stube schleifen, dort mit Stanniol und Krimskrams behängen und einen Götzendienst davor tun.« Dieser »unwürdige Spuk« müsse ein Ende haben. Und Jesus, dieser – so Ulbricht – »junge Mann ohne festen Wohnsitz«, habe sein Land aus egoistischen Motiven verlassen, einem solchen Republikflüchtling müsse man nicht huldigen. So wurde in der DDR ab November der Handel auf Mangelwirtschaft umgestellt, um das Schenken zu erschweren, Baumschmuck musste abgeliefert werden, die Forstwirtschaft durfte keine Bäume fällen, und in der »Operation Federvieh« wurde versucht, in Polen das »Gänsefleisch« rar zu machen.

Ach ja, fast haben sie es geschafft, das Christentum in Ostdeutschland auszurotten. Aber nicht Weihnachten, der Deutschen liebstes Fest. Nur, liebe Gemeinde, lassen Sie uns dieses Fest nicht vom Inhalt entleeren und romantisieren. Es ist kein gefühlsseliges winterliches Familienfest. Aus Anlass des Christfestes können wir ein solches Familienfest feiern, und das ist gut und wunderbar so. Aber der Anlass selbst ist immer noch die Geburt des Gottessohnes selbst. Und die ist gar nicht süßlich. Da ist ein unverheiratetes Paar, die Frau schwanger, beide unterwegs, von Behörden gezwungen, alle drei alsbald auf der Flucht. Ohne Zuwanderungsgesetz jedenfalls hätten sie bei dem Versuch, in Deutschland Zuflucht zu finden, keine Chance. Oder werden wir, damit Flüchtlinge Sicherheit finden, in Sachen Härtefallregelungen der Zuwanderung genauso stur für eine gute neue Tradition plädieren wie die DDR-Bevölkerung einst für die Beibehaltung von Weihnachtskultur? Das wäre doch schon ein Hoffnungsschimmer.

Die Lukaserzählung lässt uns Träume von einer anderen Welt wagen. Einer Welt, in der wir die Türen aufmachen, anstatt uns abzuschotten in der gut gefüllten warmen Herberge. In der wir aufbrechen nach Bethlehem oder Ägypten, wenn's nötig ist, anstatt uns in wohliger deutscher Dauerdepression zu suhlen. In der wir singen »Ehre sei Gott in der Höhe«, anstatt das Heil im Einkaufen zu suchen. Der Traum von einer Welt, in der die Hirten und die Weisen und die Familien miteinander etwas vom Frieden Gottes erfahren.

Zum Dritten geht es um eine Geschichte, die uns je einzeln berührt in unserer Sehnsucht nach erfülltem Leben, nach Gottesnähe. Die Philosophin Hannah Arendt hat einmal gesagt, das Besondere am Menschen sei nicht die Sterblichkeit, die gelte auch für Tiere und Pflanzen. Das Besondere sei die menschliche Fähigkeit, etwas völlig Neues zu beginnen. Das ist unsere Hoffnung: an der Krippe: neu anfangen dürfen. All das ablegen, was uns das Leben schwer macht. All die Kreisläufe, in denen wir gefangen sind, durchbrechen. Neu anfangen. Was würden wir heute ganz anders machen? Wo gab es Weggabelungen, an denen wir vielleicht anders hätten abbiegen sollen? Und müssen wir das denn bereuen, oder können wir nicht mit der falschen Abbiegung einen richtigen Weg finden? In unserer Ehe, mit unseren Kindern, in unserem Beruf. Und wo sind wir dankbar, dass Gott uns Wege gewiesen hat, Menschen über unseren Weg geschickt hat, Chancen eröffnet wurden? Welches Leid quält uns, welche Angst vor Krankheit, vor Trennung treibt uns um? Wir dürfen das heute Abend, in dieser Heiligen Nacht alles vor Gott bringen, an der Krippe ablegen. Gott will uns in diesem Kind begegnen. Gott will uns halten jetzt und hier und über den Tag und über unseren Tod hinaus. Darauf können wir vertrauen, daran dürfen wir glauben: Gott lässt dich nicht fallen, wir sind nicht allein. Ein neuer Anfang ist möglich bei Gott.

Wer neu geboren werden will, muss allerdings empfänglich sein wie Maria. Offen dafür, dass etwas geschieht, was noch niemand gesehen hat. Offen für Gottes Geschichte mit den Menschen mit uns wie mit Maria und Josef und dem Kind, offen wie die Hirten und die Könige.

Ich möchte enden mit einem Gedicht von Ingrid Haushofer, das mit neuen Worten die alte Geschichte zusammenfasst:

Das Geheimnis der Weihnacht
Aufstehen in der Nacht wie die Hirten.
Auf den Weg sich machen in Kälte und Dunkel.
Im Herzen einfältige Hoffnung.
Sich leiten lassen von seinem Stern
Den man erkannt hat und den keiner sonst sieht.
Den Weg zu Ende gehen
Wie die Könige nicht umkehren.
Zur Welt kommen.
Geboren werden.
Amen.

Ansprache beim Epiphanias-Empfang

Loccum
6. Januar 2003

Herr Landtagspräsident,
Herr Ministerpräsident,
meine sehr geehrten Damen und Herren,

Kirche und Wirtschaft bzw. Industrie und Handwerk wird in diesem Jahr das Schwerpunktthema meiner Besuche in Kirchenkreisen und andernorts sein. Lassen Sie mich daher zunächst auf dieses Thema eingehen, bevor ich mich – wie es gute Tradition ist – auf die biblische Losung für das neue Jahr beziehe.

Es gibt durchaus Zusammenhänge zwischen der Entstehung der modernen Wirtschaft und den Grundentscheidungen der Reformation, der Freisetzung des Menschen aus den mittelalterlichen Zwängen und den damit eröffneten neuen Möglichkeiten von Naturbeherrschung und Weltgestaltung. Und entgegen manchem Vorurteil wurde auch Leistung im positiven Sinne so freigesetzt. Welchen Einfluss gut protestantischer Ehrgeiz nehmen kann, das zeigt allein die Lektüre von Max Weber.

Sehr schnell wurde in der Geschichte jedoch deutlich, dass das moderne Wirtschaftssystem eine Verkehrung der christlichen Werte nicht nur mit sich bringen kann, sondern manches Mal zu seiner Voraussetzung hat. Das, was im christlichen Wertekatalog als verwerflich gilt, z.B. die ausschließliche Verfolgung von Eigeninteresse, Egoismus, ja auch Eitelkeit und Geiz, stellt vielfach Grundlage für massives Wirtschaftswachstum und Industrialisierung mit all ihren Konsequenzen dar. Reichtum und Gewinn wurden zu den Leitbildern. Die Orientierung auf den irdischen Genuss ersetzte alles, was zuvor an Wertorientierung durch den christlichen Glauben favorisiert wurde. Die in der Reformation hochgeschätzte Arbeit als Tätigkeit in der Schöpfung Gottes und als Mitschöpfertum wurde herabgemindert, indem sie nur noch dem wirtschaftlichen Erwerb und dem Gewinn dienen sollte.

Die Kirche hat demgegenüber immer wieder auf Mäßigung und auf ausgleichende Gerechtigkeit in der Gesellschaft gedrängt. Es ist vor allem die Kultivierung des reinen Eigennutzes, die auf Kritik der Kirche stoßen muss. Kein Geringerer als eine der Gründergestalten der hannoverschen Landeskirche, Abt Gerhard Uhlhorn, hat deswegen in seinen Schriften im 19. Jahrhundert Adam Smith scharf kritisiert. Er zitiert ihn mit dem Satz: »Die Erwägung des eigenen Gewinnes ist der einzige Beweggrund, der den Besitzer eines Kapitals bewegen kann, dasselbe im Landbau, in Fabriken oder irgendeinem Zweige des Groß- oder Kleinhandels anzulegen.«"[1] und fragt dann: »Heißt das nicht, den Eigennutz zum höchsten wirtschaftlichen Prinzip machen? Und ist das etwa christlich?« An einer anderen Stelle hält Uhlhorn fest: »Die Arbeit hat niemals bloß das eigene Ich im Auge, sondern zugleich den Bruder, die Gemeinschaft und deren Förderung, im höchsten Sinne den Bau des Gottesreiches. Nicht in selbstsüchtiges Genießen läuft die Arbeit aus, sondern in Liebeswerk und Liebesübung.«[2]

Wirtschaft und Arbeit werden in dieser christlichen Sichtweise als dem Menschen und der Gemeinschaft dienend vorgestellt und nicht als von ihr isoliert oder gar ihr gegenüberstehend. Die Wirtschaft hat so verstanden nur einen Sinn, wenn sie für den Menschen da ist und nicht umgekehrt. Insofern mag es auf den ersten Blick sehr idealistisch klingen, wenn man gegenüber der Arbeit aus Eigennutz die Arbeit aus Liebe und aus Dienst setzt. Vollkommen absurd ist diese Sichtweise aber nicht. Die Reformation hat den Menschen frei gemacht und hat ihm sein unveräußerliches Recht als

1 Gerhard Uhlhorn, Schriften zur Sozialethik und Diakonie, Hannover 1990, S. 46
2 ebd. S. 74

Individuum zurückgegeben, aber, so Uhlhorn, »wahrlich nicht, um es dann zu isolieren und nun den Egoismus auf den Thron zu setzen.«[3] »Frei geworden soll der Einzelne sich frei einordnen in die Gemeinschaft und nicht für sich leben, sondern für andere.«[4] Ein Ja also zur Individualität, aber nicht zu purem Individualismus, das ist die Herausforderung. Einerseits wissen wir, dass der Mensch nur leistet, wenn er auch einen Eigennutz damit verfolgen kann. Wenn das nicht möglich ist – das war in der DDR auf bedrückende Weise zu studieren – bleiben Ehrgeiz und Leistung auf der Strecke. Andererseits muss nach christlichem Verständnis dieser Eigennutz eingebunden werden in das Gemeinwohl. Die Denkschrift der EKD »Gemeinwohl und Eigennutz – Wirtschaftliches Handeln in Verantwortung für die Zukunft« von 1991[5] hat dies so formuliert: »Statt der Entgegensetzung von Nächstenliebe und Selbsterhaltung müssen wir nach Formen des intelligenten Eigennutzes als intelligenter Nächstenliebe suchen, in denen sich Selbsterhaltung und Sorge für sich selbst mit Fürsorge für andere und Rücksicht auf das gemeinsame Leben verbinden.«[6]

Das gilt für den Einzelnen. Mit Blick auf das Ganze formuliert die Denkschrift: »Die Soziale Marktwirtschaft steht vor der Aufgabe, immer neu die Balance zwischen effizienter Leistungs- und Wettbewerbsordnung auf der einen und sozialer Sicherheit auf der anderen Seite zu gewinnen.«[7] Wenn heute also stets von mehr Eigenverantwortung gesprochen wird, ist das zu bejahen. Ich kann nicht jahrzehntelang rauchen und dann die Tabakindustrie verklagen, wenn ich Lungenkrebs habe. Dass das im Lande der großen Legende vom »self made man« möglich ist, finde ich geradezu absurd. Aber die großen Lebensrisiken wie Unfall, Krankheit, Erwerbslosigkeit und auch das Alter müssen abgesichert sein.

---

3 ebd. S.118
4 ebd.
5 Gemeinwohl und Eigennutz, Wirtschaftliches Handeln in Verantwortung für die Zukunft, Eine Denkschrift der EKD, Gütersloh 1991
6 ebd. S. 104.
7 ebd. S. 135.

Hier gibt es eine grundlegende Verantwortung der Gesellschaft, die dann gewiss durch individuelle Vorsorgen ergänzt werden muss. Viele Schwache im Land haben inzwischen Angst um ihre Rente, ihre Pflege, um eben jene grundlegende Versorgung.

Und noch ein Dilemma: Wirtschaft lebt vom Wachstum. Ja, unser ganzes Land fühlt sich depressiv, wenn es keine Zuwachsraten gibt. Andererseits wissen wir aber spätestens seit dem Bericht des »Club of Rome« zu den Grenzen des Wachstums von 1974, dass die Erde zu viel Wachstum nicht verträgt. Deshalb gilt es, die unterschiedlichen Aspekte in eine Balance zu bringen. Das wird mit dem Begriff Nachhaltigkeit heute versucht. Soziale, ökologische und ökonomische Belange sollen in eine Balance kommen. Seit knapp zwei Jahren bin ich Mitglied im Rat für Nachhaltigkeit, und wir erfahren dort immer wieder, wie schwer es ist, diese Balance zu finden. Nehmen wir das Beispiel Mobilität: Die Vertreter der Wirtschaft dringen darauf mit Blick auf Arbeitskräfte und Waren. Die Vertreter von Umweltverbänden dringen auf ökologisch vertretbare Formen. Und diejenigen, die für die sozialen Belange eintreten, mahnen an, dass Mobilität verlässliche Strukturen, wie wir sie für Erziehung und Pflege brauchen, zerstören kann. Genau solche Debatte brauchen wir aber, um die Zukunft unseres Landes zu gestalten. Viel zu oft bleiben wir in unseren kleinen feinen Zirkeln abgeschottet: hier die Gewerkschaften, da die Arbeitgeber, hier die Kirche, da die Wissenschaft, hier meine Partei, da deine. Zukunftslösungen können aber nur gemeinsam gefunden werden. Eine evangelische Akademie wie in Loccum bietet sich hierzu als eine Art »dritter Ort« geradezu an, und auch der Kirchliche Dienst in der Arbeitswelt kann hierzu einiges beitragen, davon bin ich überzeugt.

Die Grundideen der Sozialen Marktwirtschaft müssen vor allem auf weltweiter Ebene sehr viel deutlicher zum Tragen gebracht werden. Es ist doch ein Skandal, dass die Börsenkurse einer Firma dann steigen, wenn sie in großem Umfang Mitarbeiter entlässt und damit das Wertvollste, was sie besitzt, nämlich das Arbeitsvermögen ihrer Mitarbeiter, vernichtet. Es ist auch ein Unding, wenn große Firmen ihre regionalen Bezüge lediglich als Standortfaktoren begreifen und das Wohl einer Region, in der sie Arbeitsplätze schaffen und tätig sind, überhaupt nicht mehr in den Blick nehmen bzw. nur noch als rechnerische Größe im Verhältnis zum Shareholder Value betrachten. Das alte Mäzenatentum, die Integration von Arbeitgeber und Arbeitnehmer in eine gemeinsame Lebenswelt gehen so völlig verloren.

Gleichwohl ist natürlich zugegeben, dass alleine mit dem Bezugspunkt auf Liebe und Dienst wirtschaftliche Entwicklung nicht zu fördern ist. Insofern müssen an dieser Stelle auch Theologie und Kirche an Realismus gewinnen. Die Wirtschaft aber beruht auf kulturellen und werthaften Voraussetzungen, die sie selbst nicht schaffen kann, und sie sollte froh darüber sein, dass es so ist, und nicht versuchen, sich aus sich selbst heraus zu begründen und von der übrigen Kulturentwicklung abzukoppeln.

Unsere Kirche ist in gewissem Sinne auch ein Wirtschaftsunternehmen, das rechnen und ökonomisch handeln, mit den anvertrauten Pfunden wuchern muss, auch wenn sie im nonprofit Bereich bleibt. Mit unserem Kirchensteuersystem ist sehr deutlich, dass eine Konjunkturflaute auch die kirchlichen Einnahmen empfindlich trifft. Und der dramatische Fall der Aktienkurse in den vergangenen Monaten engt die Spielräume beispielsweise bei Stiftungen erheblich ein. Kurzum: die Kirche ist kein wirtschaftsfreier Raum.

Die in jüngster Zeit intensiv geführte Diskussion über Wirtschafts- und Unternehmensethik zeigt, dass in vielen Unternehmen die Sensibilität für die ethische Verantwortung der wirtschaftlich Handelnden gewachsen ist. Die Kirchen können dazu beitragen, Persönlichkeiten zu bilden, einerseits durch Werteorientierung, andererseits weil Persönlichkeit immer auch eine religiöse Dimension insofern hat, als ein solcher Mensch die großen Sinnfragen des Lebens reflektiert hat. Wie seit langem nicht mehr, steht der einzelne Mensch mit seinen Stärken im Mittelpunkt der Aufmerksamkeit der Wirtschaft, jedenfalls in der Theorie. Die neueste Studie des Gallup-Instituts, die vor einigen Tagen in den Zeitungen diskutiert worden ist: »Entdecken Sie Ihre Stärken jetzt!« hat aus einer großen empirischen Befragung heraus die These entwickelt, dass sich Unternehmen um die Stärken ihrer einzelnen Mitarbeiter herum aufbauen müssen, wenn sie langfristig erfolgreich sein wollen. Was damit eingeläutet ist, ist die Absage an Organisationsvorstellungen, die Unternehmen nach der Art von Maschinen konstruieren, Menschen lediglich Teilfunktionen zuweisen und ihnen im Grunde genommen wenig zutrauen. Die Thesen von Gallup können daran erinnern, dass es in der Bibel organische Organisationsvorstellungen gibt, so z.B. das Bild vom Leib Christi, an denen die einzelnen Glieder alle verschiedene, auf ihre Stärken bezogene Funktionen haben, aber dennoch gemeinsam das Ganze ausmachen. Lassen sich so auch Unternehmen denken?

Allerdings kann die Kirche durchaus vieles von der Wirtschaft lernen. Ich denke an Personalführung, Mitarbeitermotivation, Produktstolz, Product Placement und manches mehr. Hier gilt es in der Kirche, manche Vorurteile zu überwinden. Und unsere Kirche muss lernen, sich auf dem Markt der Religionen anzubieten. Demokratie bringt eben auch Wahlfreiheit in Sachen Religion mit sich. Da genügt es nicht zu lamentieren, dass am Sonntag um 10 Uhr nur 5% der Mitglieder kommen.

Schließlich: Kirche und Wirtschaft können miteinander lernen. Unser Projekt »Altera« (oder »Seitenwechsel«) meint ja bewusst, dass Menschen aus der Wirtschaft einige Zeit in Einrichtungen der Diakonie wie Hospiz oder Pflege verbringen und auch Menschen aus dem Bereich der Kirche die Wirtschaft kennen lernen. So bieten wir unseren Vikarinnen und Vikaren Industriepraktika an, auch als Fortbildung werden Betriebspraktika angeboten.

»Gott über alle Dinge lieben und den Nächsten wie dich selbst«, das hat Jesus als höchstes Gebot bezeichnet. Deshalb ist ein gewisser Eigennutz durchaus legitim, aber stets geknüpft an die Solidarität. Bibel verurteilt nicht Reichtum an sich, sondern nur dann, wenn er zum Götzen wird! Wenn wir unsere eigenen Chancen als Gabe verstehen, die wir einbringen in das Miteinander der Menschen, wenn der eigene

Wohlstand nicht als selbst erbrachte Leistung verstanden wird, sondern als geschenkte Möglichkeit zu leisten, wird die Solidarität der Starken mit den Schwachen selbstverständlich sein. Und das gilt eben nicht nur national oder regional, sondern mit Blick auf die Welt. Globalisierung so gestalten, dass nicht Gewinnmaximierung für wenige, sondern Gerechtigkeit das Ziel ist, das ist wohl die größte Herausforderung des 21. Jahrhunderts. Es kann nicht verantwortet werden, dass die Näherin für Sportschuhe in Südkorea 70 Cent die Stunde verdient und der Schuh hier 100 Euro kostet, der Werbeträger 1 Million Euro vom Sponsor erhält. Die Feuerwerkskörper, die wir vor wenigen Tagen verballert haben, sie wurden von chinesischen Schulkindern unter völlig unvertretbaren Bedingungen zusammengesetzt. Globalisierung ja, aber nicht mit dem Ziel des Profits für wenige, sondern mit dem Ziel sozialer Gerechtigkeit für alle. Da müssen Subventionen abgebaut und Märkte geöffnet werden. Internationale Sozialstandards, wie sie die ILO erarbeitet hat und Verhaltenskodizes der international agierenden Konzerne sind einzuhalten.

Doch, Globalisierung lässt sich sozial gestalten! Denken wir etwa an die Firma Faber Castell, die mit Gewerkschaften und Betriebsräten eine Sozialcharta erarbeitet hat. Sie wird jetzt in allen fünfzehn Werken, die es weltweit gibt, angewendet. Oder denken wir an den UNO-Fonds, der arme Länder dabei unterstützt, Kühlschränke mit den teuren FCKW-Ersatzstoffen auszurüsten. Oder denken wir an Shell, einen Konzern, der nicht so sehr durch ökologisches und soziales Gewissen auffällt, jetzt aber über Kleinstkredite Bauern in Sri Lanka zu Solaranlagen verhilft. Es ist nicht wahr, dass wir nichts tun können. Die Globalisierung der Wirtschaft muss von einer Globalisierung der Politik und der Zivilgesellschaft, der ethischen Maßstäbe begleitet sein.

Die Kirchen sind wie die Wirtschaft *local actor* und *global player* zugleich. Die Zusammenarbeit zwischen Kirche und Wirtschaft ist deswegen für die Zukunft unserer Gesellschaft so wichtig, weil sie unterschiedliche Motivlagen und Interessen zusammenbringt, daher nie spannungsfrei ist, aber gerade deswegen ein Höchstmaß an Kreativität zum Wohle aller entfalten kann. *Cooperate Citizenship* ist wohl in der Tat *das* zentrale Projekt für die Zukunft. Gemeinsam Bürgerinnen und Bürger sein in unserem Land und unserer Welt, zusammen Verantwortung für das Gemeinwohl übernehmen, darum geht es. Ja, mehr Eigenverantwortung muss sein. Aber sie ist nie losgelöst von Verantwortung für das größere Ganze.

Halten wir also fest: Es ist für die gesamte Gesellschaft wichtig, dass die Kirche das Wirtschaftsgeschehen kritisch begleitet und zwar von ihrer Werteorientierung her. Sie kann durchaus manches von der Wirtschaft lernen. Von beiden Seiten her sollte es einen Dialog geben. Das ist umso wichtiger mit Blick auf die europäische Dimension und vor allem mit Blick auf die Ziele der Globalisierung.

Ich schließe diesen Teil mit einem Zitat des bereits erwähnten Gerhard Uhlhorn aus dem Artikel: »Der irdische Beruf des Christen« aus dem Jahre 1890: »Das ist noch keine Sünde, danach zu trachten, durch die Berufserfüllung vorwärts zu kommen, wohlhabender zu werden oder sonst sich empor zu arbeiten. Unchristlich ist es aber, eben nur *darum* seinen Beruf zu erfüllen, um dieses Ziel zu erreichen. Es gilt hier das Wort des Herrn: ›Trachtet am Ersten nach dem Reich Gottes und nach seiner Gerechtigkeit, so wird Euch solches alles zufallen.‹« Dem ist nichts hinzuzufügen.

Die Jahreslosung des Jahres 2003, sie ist ein Spruch aus der Weisheitslehre. Israel benutzte Weisheit, um »Erfahrungen, Erkenntnisse über Ordnung und Gesetzmäßigkeit der Welt und das Leben festzustellen.« (Georg Fohrer)

»Ein Mensch sieht, was vor Augen ist;
der Herr aber sieht das Herz an.«

Das heißt: Gott sieht uns, wie wir wirklich sind. Einerseits ist das großartig! Dankbar können wir uns Gott anvertrauen im Gebet, Gott mitteilen, was uns bewegt, weil Gott uns ja kennt. Andererseits kann das natürlich auch beunruhigend sein. Wenn wir etwas ganz und gar verbergen wollen, versuchen, anders zu sein, als wir scheinen, müssen wir wissen, dass Gott unser Herz sieht, auch da, wo es boshaft ist, neidisch, verschlagen. Wir sind Gott gegenüber rechenschaftspflichtig für unser Leben. Aber Gott gibt uns auch eine Chance zur Rechenschaftspflicht.

Die Geschichte, in der die Losung steht, ist die der Salbung Davids. Sie spielt im 1. Buch Samuel eine herausragende Rolle, ist eine ganz in sich abgeschlossene Erzählung, die wohl auch erst sehr spät dem 1. Samuelbuch hinzugefügt wurde. Sie ist in sich stimmig und spannend wie ein großer Roman. Das 1. Samuelbuch handelt vom Versagen des Königs Saul und der Abwendung Gottes von Saul. Saul war ungehorsam, er hat die Amalekiter nicht ermordet. Diese Geschichte ist für manchen Christenmenschen eine Anfechtung: Gott wollte offensichtlich völlige Zerstörung und hat die Verschonung Einzelner nun bestraft. Dies ist nicht das Thema des Textes, allerdings seine Voraussetzung: Gott will einen neuen König über Israel setzen.

So sendet Gott den Propheten Samuel aus, einen neuen König zu salben. Damit Saul hiervon nichts erfährt, wird eine List ersonnen: Gott findet sozusagen einen subversiven Weg, indem Samuel das mitgebrachte Salböl so erklärt, dass er eine Kuh opfern wolle und zum Festessen einlädt.

Samuel sitzt beim Essen, sieht Eliab, den Sohn des Isai und denkt sofort: Der muss es sein! Eine stattliche Gestalt offensichtlich, ein großer, stark aussehender Mann. Hierauf folgt der Vers der Jahreslosung: »Ein Mensch sieht, was vor Augen ist; der Herr aber sieht das Herz an«. Samuel muss erkennen, dass er sich irrt mit seinem ersten Blick. Er hört auf Gott und lässt sich nun alle sieben Söhne des Isai zeigen, keiner aber ist's. Samuel weiß nicht weiter, doch es zeigt sich: Da ist noch ein jüngerer Sohn. (Ein wenig erinnert das an Aschenputtel, das zum Schuhanprobieren erst aus der Küche geholt werden muss.) David also wird von den Schafen geholt und gesalbt. Es heißt: »Der Geist des Herrn geriet über David von dem Tag an.« Und wir wissen, welche zentrale Rolle König David für das Volk Israel spielen sollte.

»Man sieht nur mit dem Herzen gut«, diese Zeile aus dem »Kleinen Prinzen« von Saint Exupéry, wird gern zitiert. Sie steht über Traueranzeigen, findet Verwendung in Predigten und Ansprachen. Warum rührt der Vers Menschen so an? Ich denke, es geht darum, dass viele Menschen sich verkannt fühlen, sich nicht richtig gesehen wissen. Da ist die Frau, die ihren Kummer über die zerbrechende Ehe verbirgt und nach außen eine Fassade aufrecht erhält. Da ist der Geschäftsmann, der längst in der Finanzkrise sitzt, aber nach außen den strahlenden Siegertyp beibehält. Da ist der Junge, der in der Schule um sich haut, aber letzten Endes doch vor allem darunter leidet, dass er beim Lernen nicht mithalten kann. Da ist das Mädchen, das zu dick ist, um in der Welt des Schlankheitswahns Anerkennung zu finden. All diese Menschen teilen die Sehnsucht, dass andere sie doch mit dem Herzen sehen mögen. Das Herz, es ist für uns der Ort der Liebe, das Organ der Zuneigung sozusagen. Hier gibt es Empathie, Zuwendung zum anderen und Ehrlichkeit gegenüber mir selbst. Und so wünschen wir uns, wenn der Satz von Saint Exupéry zitiert wird, wohl vor allem, von anderen mit dem Herzen gesehen zu werden.

Welche Rolle kann ein solcher Vers, eine solche Geschichte im Jahr 2003 wohl spielen? Zuallererst kann sie gewiss eine Mahnung sein mit Blick auf die Rechenschaftspflicht Gott gegenüber, die Ehrlichkeit, mit der wir Gott gegenüber zu treten haben. Das zeigt sich immer wieder in der Mahnung der Abendmahlsliturgie: »Keiner sei wider den Nächsten, keiner ein Heuchler.« Nein, wir sollen nicht als Heuchler zu Gott treten, sondern als solche, die reinen Herzens sind. Sie, sagt Jesus, werden Gott schauen. Es geht also auch um die Offenheit unseres Glaubens. Sind wir bereit, uns Gott ganz und gar anzuvertrauen?

Diese Mahnung der Offenheit vor Gott ist verknüpft mit der Mahnung, auch andere Menschen mit dem Herzen anzusehen. Liebe Politikerinnen und Politiker im Raum, Sie werden mir nachsehen, wenn ich damit Sie ganz besonders anspreche. Sie stehen in großer Verantwortung und noch dazu vier Wochen vor einer Landtagswahl. Ich kann Sie nur ermutigen, Mitglieder anderer Parteien zuallererst als Menschen anzusehen. Die Abfälligkeit, mit der von Personen derzeit in der Öffentlichkeit gesprochen wird, wie in den Medien »drauf gedroschen wird«, sie stößt inzwischen viele Menschen ab. Kräftig streiten um Inhalte – das sollen Sie, das ist Teil guter demokratischer Tradition. Und es gibt genügend Probleme, die der Lösung bedürfen! Aber Spott, Häme und offene Aggression sollten nicht an die Stelle solcher Inhalte treten. Wie sagte George Kennan, ehemaliger US-Botschafter in Moskau: Politik heißt, den Menschen die Wahrheit sagen und ihnen dann helfen, über den Schock hinwegzukommen. Wahrheit und Wahrhaftigkeit kann die politische Debatte wahrlich gebrauchen.

Doch langsam, wir anderen im Raum, wir bleiben nicht außen vor sozusagen als Unbeteiligte. In unserem Land sind wir kurz davor, die Politik an sich und alle, die sie verantworten, der Lächerlichkeit preiszugeben. Das wird die Situation nur verschlimmern, weil dann niemand mehr, der qualifiziert ist, sich in der Politik engagieren wird. Da kann ich nur Martin Luthers Auslegung des achten Gebotes im kleinen Katechismus zitieren: »Wir sollen Gott fürchten und lieben, dass wir unseren Nächsten nicht belügen, verraten, verleumden oder seinen Ruf verderben, sondern sollen ihn entschuldigen, Gutes von ihm reden und alles zum Besten kehren.« Lassen Sie uns das als guten Vorsatz mitnehmen in das neue Jahr.

Gott sieht das Herz an. – Eine wunderbare Jahreslosung, die zum Vertrauen ermutigt, zur Ehrlichkeit und Rechenschaftspflicht mahnt und Lebenssinn zuspricht jenseits der wankenden Werte der Leistungsgesellschaft. Jesus Christus ermutigt uns dazu, diese alte Weisheit heute neu lebendig werden zu lassen.

Vielen Dank für Ihre Aufmerksamkeit.